HUMANITIES AND SOCIETY

人文学科与公共生活

Peter Brooks Hilary Jewett

[美国] 彼得·布鲁克斯 希拉里·杰维特 编 余婉卉 译

译林出版社

图书在版编目（CIP）数据

人文学科与公共生活 /（美）彼得·布鲁克斯（Peter Brooks），（美）希拉里·杰维特（Hilary Jewett）编；余婉卉译．—南京：译林出版社，2022.5
（人文与社会译丛 / 刘东主编）
书名原文：The Humanities and Public Life
ISBN 978-7-5447-8861-8

Ⅰ.①人… Ⅱ.①彼… ②希… ③余… Ⅲ.①人文科学－研究－美国 Ⅳ.①C

中国版本图书馆CIP数据核字（2021）第 216923 号

著作权合同登记号　图字：10-2021-494 号

人文学科与公共生活　彼得·布鲁克斯　希拉里·杰维特 / 编

责任编辑　刘　静
特约编辑　童可依
装帧设计　胡　苨
校　　对　孙玉兰
责任印制　单　莉

原文出版　Fordham University Press, 2014
出版发行　译林出版社
地　　址　南京市湖南路 1 号 A 楼
邮　　箱　yilin@yilin.com
网　　址　www.yilin.com
市场热线　025-86633278
排　　版　南京展望文化发展有限公司
印　　刷　江苏凤凰通达印刷有限公司
开　　本　880 毫米 × 1230 毫米　1/32
印　　张　7.875
插　　页　2
版　　次　2022 年 5 月第 1 版
印　　次　2022 年 5 月第 1 次印刷
书　　号　ISBN 978-7-5447-8861-8
定　　价　52.00 元

主 编 的 话

刘 东

总算不负几年来的苦心——该为这套书写篇短序了。

此项翻译工程的缘起，先要追溯到自己内心的某些变化。虽说越来越惯于乡间的生活，每天只打一两通电话，但这种离群索居并不意味着我已修炼到了出家遁世的地步。毋宁说，坚守沉默少语的状态，倒是为了咬定问题不放，而且在当下的世道中，若还有哪路学说能引我出神，就不能只是玄妙得叫人着魔，还要有助于思入所属的社群。如此嘈嘈切切鼓荡难平的心气，或不免受了世事的恶刺激，不过也恰是这道底线，帮我部分摆脱了中西“精神分裂症”——至少我可以倚仗着中国文化的本根，去参验外缘的社会学说了，既然儒学作为一种本真的心向，正是要从对现世生活的终极肯定出发，把人间问题当成全部灵感的源头。

不宁惟是，这种从人文思入社会的诉求，还同国际学界的发展不期相合。擅长把捉非确定性问题的哲学，看来有点走出自我囿闭的低潮，而这又跟它把焦点对准了社会不无关系。现行通则的加速崩解和相互证伪，使得就算今后仍有普适的基准可言，也要有待于更加透辟的思力，正是在文明的此一根基处，批判的事业又有了用武之地。由此就决定了，尽管同在关注世俗的事务与规则，但跟既定框架内的策论不同，真正体现出人文关怀的社会学说，决不会是医头医脚式的小修小补，而必须以激进亢奋的姿态，去怀疑、颠覆和重估全部的价值预设。有意思的是，也许再没有哪个时代，会有这么多书生想要焕发制度智慧，这既凸显了文明的深层危机，又表达了超越的不竭潜力。

于是自然就想到翻译——把这些制度智慧引进汉语世界来。需要说明的是，尽管此类翻译向称严肃的学业，无论编者、译者还是读者，都会因其理论色彩和语言风格而备尝艰涩，但该工程却绝非寻常意义上的“纯学术”。此中辩谈的话题和学理，将会贴近我们的伦常日用，渗入我们的表象世界，改铸我们的公民文化，根本不容任何学院人垄断。同样，尽管这些选题大多分量厚重，且多为国外学府指定的必读书，也不必将其标榜为“新经典”。此类方生方成的思想实验，仍要应付尖刻的批判围攻，保持着知识创化时的紧张度，尚没有资格被当成享受保护的“老残遗产”。所以说白了：除非来此对话者早已功力尽失，这里就只有激活思想的马刺。

主持此类工程之烦难，足以让任何聪明人望而却步，大约也惟有愚钝如我者，才会在十年苦熬之余再作冯妇。然则晨钟暮鼓黄卷青灯中，毕竟尚有历代的高僧暗中相伴，他们和我声应气求，不甘心被宿命贬低为人类的亚种，遂把移译工作当成了日常功课，要以艰难的咀嚼咬穿文化的篱笆。师法着这些先烈，当初酝酿这套丛书时，我曾在哈佛费正清中心放胆讲道：“在作者、编者和读者间初步形成的这种‘良性循环’景象，作为整个社会多元分化进程的缩影，偏巧正跟我们的国运连在一起，如果我们至少眼下尚无理由否认，今后中国历史的主要变因之一，仍然在于大陆知识阶层的一念之中，那么我们就总还有权想象，在孔老夫子的故乡，中华民族其实就靠这么写着读着，而默默修持着自己的心念，而默默挑战着自身的极限！”惟愿认同此道者日众，则华夏一族虽历经劫难，终不致因我辈而沦为文化小国。

一九九九年六月于京郊溪翁庄

目　录

致　谢

“公共领域中的人文学科”研讨会得以召开并因而结集为本书，要归功于一些人。首先应感谢与会者，他们积极响应会议通知，赐来简要的意见书，呈现新颖而中肯的思想。其次要感谢参会听众，他们促使发言人和评议人之间的论辩犀利、有益、值得记录。此次会议归功于普林斯顿大学法学与公共事务学院课程主任金姆·莱恩·谢佩勒（Kim Lane Scheppele）的支持，亦有赖于莱斯利·格温（Leslie Gerwin）、朱迪·里夫金（Judi Rivkin），以及詹妮弗·波尔顿（Jennifer Bolton）。会议还获得了普林斯顿人类价值研究中心主任查尔斯·贝兹（Charles Beitz）的支持，得益于伊鲁姆·赛义德（Erum Syed）、苏珊·温特斯（Susan Winters）、金伯利·戈尔曼（Kimberly Girman）的帮助，并受惠于普林斯顿比较文学系教授莱纳德·巴肯（Leonard Barkan）、系务经理谢丽尔·坎托雷（Cheryl Cantore）。诸多紧急事务则幸亏有朵拉·张（Dora Zhang）的娴熟处理。

我们还要感激福特汉姆大学出版社编辑主管海伦·塔塔

(Helen Tartar)，她的高效、热情和不懈的鼓励，使这本书得以出版。我们还要感谢助理编辑托马斯·雷(Thomas Lay)。

追溯起来，如果没有梅隆基金会的慷慨，本次会议和本书都不会成为可能。2008年，系列小型研讨会“阅读伦理学与专业主义文化”在梅隆基金会的资助下得以举行，这些研讨会从一开始就以设计本次会议为出发点(实际上它们迄今仍在举办)。要特别感谢哈里特·朱克曼(Harriet Zuckerman)和约瑟夫·迈泽尔(Joseph Meisel)，他们是该基金会中人文学科的中流砥柱。

系列小型研讨会、本次会议以及本书的构想，都来自彼得·布鲁克斯(Peter Brooks)，希拉里·杰维特(Hilary Jewett)则
vii 协调统一了全书并承担了编辑事务。

导　论

彼得·布鲁克斯

过去几年里，我曾以“阅读伦理学与专业主义文化”为题，给学生和教职员开设了一门小型研讨课。研讨课提出了这些问题：在人文领域用心阅读将对人的生活起到怎样的作用？这种阅读是否会再现或产生一种道德观？这种阅读伦理学是否也应该占据职业训练和公共领域？读毕美国司法部2002年整理、随后陆续公开的“虐俘档案”（Torture Memos）[1]，这些问题残酷地摆在我面前。这些文件呈现的论点，通过以最扭曲、机巧、变态、不道德的方式阐释法律文本，来证明酷刑的合法性。很多人已找法律顾问办公室（Office of Legal Counsel）来剖析这些备忘录，既然该机构被视作法律分析最高标准的提供者，我在此便不再详述他们如何以武断专横而非言之有据的方式来阐释字词、短语的意义和用法。我对自己说，当一个接受过严格诗学训练的人要做出如此居心不良的诠释时，不可能不受其职业良心的提醒：这是不对的。这就是我力图在小型研讨会上表明的立场，我始终明白它不 1

会被当作一个信条，如果没有证据，那么它需要探索和分析。这门小型研讨课（诸多杰出的人物应我邀请而来）所导向和倡议而成的“公共领域中的人文学科”研讨会，为本书提供了材料。

“虐俘档案”的问题和我的课堂经历使我在阐释法律文本时提出，人文学科可以并极尽可能地体现对道德阅读的承诺。这个承诺，以及它所蕴含的细读规则和训练，代表了我们作为人文学科的教师需要给其他领域带来一些东西，尤其是那些为律师等职业人士提供阅读训练的教师，他们的工作包含了阐释。

在美国文化中，讲授人文学科在很多人看来是一份无权无势、地位渐低的职业。“人文学科的危机”一说广为流传，成为美国高等教育普遍遭遇危机最突出的表现。因此我们看到，自20世纪80年代以来，从《骗子教授》（*Profscam*）、《获得终身教职的激进派》（*Tenured Radical*），到《学海漂流》（*Academically Adrift*）、《高等教育？》（*Higher Education?*），类似书籍数不胜数。[2] 2011年，《纽约书评》刊发了我同事安东尼·格拉夫敦（Anthony Grafton）的一篇文章《我们不及格的校园》（Our Flunking Universities）。[3] 作为数十年来美国信念中的核心精神，大学教育的特殊价值如今受到质疑。我们被告知，这整个事业都可能是在浪费时间、金钱和国家服务。甚至有个慈善组织，泰尔基金会（Thiel Foundation），提供10万美元的奖金，诱使孩子们从高校辍学自主创业，其理论是高校在阻碍而非促进创造力的发展。在这场“危机”中，人文学科被形容为一种徘徊在世界上的僵尸，而这个世界应该生产技术专家和企业家。

但这场危机可能真实地存在于某处，存在于人文思想和分析的边缘化之中。在一个对思想和心灵的操控日益成为世界运转之核心的社会，对轰炸我们的各种社会、政治和文化信息进行批判性阅读的能力，比以往任何时候都更需要训练。作为阐释性的人文学科的实践者，我们不能再那么谦逊，需要向公众申明我们任务的重要性。当雪莱坚称诗人是人类不被承认的立法者（unacknowledged legislators）时，他并不是全然错误的：文化的改变裹挟了一切。人文学科的细读应该向其他领域输出，应该在公共生活中占据一席之地。 2

我的领域是文学研究，而且迄今我所论者似乎表明我只对文学分析和阐释感兴趣。事实上，我要指出，对文学研究至关重要的细读、精读和训练有素的阅读，也是整个人文学科的题中应有之义：我们这个时代的哲学之“解释学转向”（interpretive turn）植根于人文学术的通盘变化。人文学科的阐释往往始自特定的阅读行为——一份难以破解的文件，一个有待润饰的词，一堆需要拼合的人工制品残片，一处带有肖像学意味的图像细节，一个急需语境的观念——并由此而迈向更宏阔的阐释结构和理论。只要人文学科还是一份阐释的事业——正如它们目前所是，而非形式简单的数据采集——那么，没有审慎、辨析、自省的阅读，它们便无计可施。

我从“虐俘档案”谈起，是因为在这个案例中，不阅读的灾难性后果是如此清楚和可怕——佯装阅读，实际却插入自己的偏见，选择性地从文本中得出结论。误读《联合国禁止酷刑和其他残忍、不人道或有辱人格的待遇或处罚公约》(Convention Against Torture and Cruel and Inhuman Treatment)，称它被美国法典兼容，间接表明了居心不良的阐释会带来何种后果。尽管其他那些草率、误导、用心险恶的阐释所导致的结果未必如此骇人听闻，但它们会导致一系列的偏差。《纽约客》的记者简·迈尔指出，布什政府通过曲解语言来歪曲事实。[4]在我看来，不仅在这个特定案例中，即使在当前的总体文化里，此说法也是极有道理的。

这不应被解释为提倡从复杂文本中抽出简明大意，逃避含混和不确定。相反，阅读作为一种自省的实践——所谓“以慢镜头阅读”(reading in slow motion)表明，简化和过于明晰是有缺陷的。我也不相信，读好书必定会让一个人成为好人。我们的历史上有充足的例子揭穿这类谎言：人们可以白天杀戮犹太人，回家之后夜读歌德。我想捍卫的不是结果，而是过程和实践行为。阅读实践本身，带着对语言的悉心和专注，追寻它的语境、意涵和不确定性，可以说是一种道德行为。为了确保我们的阐释能够得到文本的语境(以及它的上下文)的支撑，就意味着——不像“虐俘档案”的作者们——我们必须不断地使我们对文本的理解在整

体上受制于词典、历史视域以及文本。如此服从于超越了个人倾 3
向的文化，本身即是一种训练。在某种意义上，这就是T. S. 艾略特所谓的一切伟大艺术都是非个人化的（impersonal）。

说阅读是课堂及课堂之外的一种实践，不是我谈论的终点；对此我稍后将谈论更多。现在，我想谈谈本书中其他的声音。阅读的伦理学思考，使我产生了就此议题举行研讨会、将一群如此出色的人士聚集起来的想法。我的预设和推测需要获得一批思想家的检验，他们的著述既涉及阅读实践，也不乏更宽广的道德和社会关怀。我向获邀者说明了我召集这次会议的目标，请他们务必就我提出的话题写出聚焦且有针对性的论见。这不是一次由教授们来宣读学术论文的会议，而是观点的交流，是对话。每场对谈都不得超过15分钟，三个议程都各包括两位发言人和两到三位评议人，然后是听众大讨论。因此口头交流（本会议中大量存在）真的和书面报告一样重要。

为了开启讨论会，我想我们该有一个具有相当长度的主题发言，这位发言人的成果应已被公认为关键性地将阅读实践引入了公共生活。于是，朱迪斯·巴特勒向听众（意料之中地济济一堂）作了以“日常，不敢相信”（Ordinary, Incredulous）为题的演讲，由此当场提出一个关键话题，关乎我们对人文学科的理解，以及怎样捍卫人文学科：如果不用特定的语言，如果没有那些希望从纯粹工具性术语中寻求知识的人的特定价值框架，我们如何捍卫我们的实践?将知识的本质视作工具性,用世俗的使用价值来衡量知识,这种观念支配着如今全世界的教育。即便对我们,这类在研讨会上发言和聆听的人来说,人文学科的价值显而易见、无须捍卫,如果我们回复论敌说,我们不会费心于回应他们的批评,如果我们对人文学科的用途完全不予辩护,那么我们的事业也会受到威胁。而当我们承担起辩护之职时,很快就会陷入具有工具性的语言之中,这使我们的价值受到质疑。没有人可以向那些完全不承认人文学科的人去争论人文学科的内在价值。但是,巴特勒问,“如果人文学科将给公共生活带来影响,是否意味着只能说它们有助于某些社会福祉?工具性是否就是我们谈论它有
4 所影响的唯一方式?”

在此,我们进入了一个学术界所有人都认为是真实而亟待解决的症结。英国的教员,几年来都屈从于“科研评估制度”(Research Assessment Exercise),被要求论证他们的工作有何“影响”,能否期待它们产生社会效果。在美国,各种基金会和智库所大力资助的一项运动迫使大学检验它们所提供教育的“产出”,并把学费花在他们所估量的大学教育的“附加值”上。有利可图的评估业发展起来,兜售“高校学业评价”(College Learning Assessment,简称CLA)之类的测评指标,旨在提供平台以比较各种项目和机构的效果。我后面还会再谈这种检测方式,它们似乎把知识的“产出”界定为主要是工具性的、用来解决问

题的。它们没有检验人文学科所教授的理解力的种类。用一个冠冕堂皇、过时但也许恰切的词来说，它们没有检验智慧。

正如巴特勒进而写道，我们特有的批判性重估的能力是无法为指标所衡量的，人文学科却日益遭到这些指标的评判。申请项目资助令巴特勒产生疑惑，她要回答“你的项目能交付什么成果”，于是陷入满篇令人目眩的“可交付品”（deliverable）中，正如将知识工具化为可以送达某人家门口的包裹。发言的结尾，她以率性的措辞安顿了这个问题：“我们发现自己在那些带有价值指标的语言中安居又流离，这些指标不仅无法妥帖地测量我们的所为，其对价值领域的垄断也是如此危险以致湮没我们的所为。”抵抗湮没意味着重议价值问题，质疑显而易见之物，拒绝工具性指标，并且对（巴特勒主张考察的）语言的种种当代运用持批评性的态度。

巴特勒的这番分析，令我敬畏她的辩证力，敬畏她有能力吸引听众进入一种思考模式，这一模式恰恰展示出那种必须执行的抵抗。她提供的这套迂回而又有说服力的论见，必须贯彻于其推进的细节中：它不是用来制造一个打包好的“可交付品”，而是产生一种具有批判性的思想形式。巴特勒的文章开启了我们话题所需的关切，可谓榜样。

接下来，研讨会举行了三个议程，每个议程的最后是圆桌讨论。第一个议程讨论了我曾在小型研讨课上所致力的，尽管也

5 置疑的潜在假设:"阅读伦理学存在吗?" 当我们一边阅读一边对阐释过程自我觉察时,我们有何收获? 阐释者,就语源学和今义而言,都意味着中间人,即意义的使者,力图从此域出发去理解彼域。我们可能会问,为什么阐释是必要的? 为什么对书写的理解必然激活阐释者的中间人角色? 为什么意义不能单是读取而已? 对于语言本身、语言在规范和界定人类时所扮演的角色,阐释的需要教会了我们什么? 伊莱恩·斯凯瑞(Elaine Scarry),一位博雅的文学学者,以及查尔斯·拉莫尔(Charles Larmore),一位哲学家,以与众不同的方式论述了这些议题,而且我想,他们都正中靶心。斯凯瑞将我们引向审慎而充满争辩的诗歌的悠久传统,这些诗歌中上演着两种声音的争执或对话。借由诗歌的这种正式结构,她演绎出阅读具有教化移情的作用——在林·亨特(Lynn Hunt)的论见中,人权话语确实源自18世纪小说。[5]这又导向了斯凯瑞的关怀,即美可以创造出我们内在的共情能力。她在文章开篇即提问,阅读是否消减了世界的伤害,但到她展开论述时,这个答案显然是肯定的——不是在简单的意义上(比如阅读让我们成为更好的人),而在于阅读(也许只是读)有能力滋养那些使我们成为人的东西。

查尔斯·拉莫尔将我们导向柏拉图在《斐德罗篇》中提出的问题:文本"到处流散",可以被任何人阅读和误读,而没有作者在一旁纠正。这种感觉使拉莫尔沉思阅读可能以哪些方式指涉道德关系。如果一个文本不免被误读——如果我们无论如何都未必能把作者自己的解读接受为权威界定——这说明读者应该怎样同文本建立谨慎关联？最终，拉莫尔引用了卡尔·克劳斯（Karl Kraus）对语言的尊重，作为一种“心智的训练，它将极度的责任感投向那唯一的无辜被冤之物，即语言，它与众不同地教人尊敬人类的其他善行”。对语言负有“责任感”，当然包括尊重我们所面对的各种既定的言说方式，这便直接导向了一个我最为关切的阅读之道德的话题。

拉莫尔坚称阅读的道德关系需要面对作者，面对这个人，而不能只处理与文本的关系，这招致了哲学教授奎迈·安东尼·阿
皮亚（Kwame Anthony Appiah）、文学研究者德里克·阿特里奇 6
（Derek Attridge）等评议人的些许异议，他们重新阐释了我们阅读时会对谁或何物产生责任感。另一方面，文学理论家乔纳森·卡勒（Jonathan Culler）将伦理解读的观念消解为文学批评家企图将他们的工作从虚无主义和无用中拯救出来的努力。“到处流散”的文本也许会被用于各种用途。我发现自己心有戚戚于阿特里奇对拉莫尔论文的细心修正，这使他再次强调，书写文本这一行为使我们易受他人攻击，而我们如何对待被攻击的弱点，是对我们道德品性的一种考验。对阿特里奇而言，这触及了伊曼努尔·列维纳斯（Emmanuel Levinas）的伦理思考，后者乃是基于我们对他人的认识和责任感。如果文本代表了一种与我们交流者

的尝试——脆弱的、易受攻击的——那么我们也许会认为我们的责任是在交流中投入敬意的关注。对我来说，这未必敦使创造文本的个人或群体有所觉醒——作为个人，他们一般不易接近——但会影响有目的的交流行为本身。

我的小型研讨课原本题为“阅读伦理学与专业主义文化”(The Ethics of Reading and the Cultures of Professionalism)，以表明如果我们希望避免“虐俘档案”式的读解，则人文学科所尽力实践的阅读方式也许需要更强烈地表现于职业教育中。因此在第二段议程中，我们转向了“阅读伦理学与职业”(The Ethics of Reading and the Professions)。职业教育也许是现代美国大学最有特色、最强大的产物。职业化的驱动力——比如，众所周知，现代美国法学院和商学院的出现——是否已抑制了对阅读伦理的关注？阅读的人文传统是否需要在职业学院中得到更好的体现？阅读教育对修辞的体察，能否纠正人们普遍只预设语言实用性的倾向？曾经，高级的英国公务员多从牛津或剑桥的古典学研习者中招募。这种模式并未被美国采用，而且今天看来也相当稀奇。然而，也许有必要问，是否有途径创造一种崭新而有力的关联，来连接这种构成人文学科精髓的阅读、阐释和反映？

我们这一议题的发言人是哥伦比亚大学法学院的帕特丽夏·威廉姆斯(Patricia Williams)——她也是《民族报》(*The*

Nation）的专栏作家，积极介入美国政治话题，尤其是种族问题。还有拉尔夫·赫克斯特（Ralph Hexter），他接受过古典学训练，目前是加州大学戴维斯分校的教务长兼副校监。威廉姆斯在她的 7
论文中，号召每一位读者思索自己对世界的解说，而她本人则对极端事件所引起的反应，包括说明文字和虚构叙事进行文化的解读。赫克斯特则将阅读置于共同的、集体的语境中，其中阐释性的产物和道德效应对人们的生活至关重要。在这种语境中，他有力地倡导“作为读者，亦即阐释者，我们应该导向义务论……也就是说，我们更应在过程中体现道德关怀，而非从结果来评判不道德的行径”。评议人、卫斯理大学校长迈克尔·罗斯（Michael Roth）颇为激进：转向阅读伦理学，在他看来意味着一种逃避策略，远离那些代表解构主义全盛期的游戏式、暴力式阅读。在我看来，伦理道德并不排斥游戏之物——我们可以回顾席勒的《审美教育书简》，论辩游戏是一切审美阅读的核心——但我必须表明对暴力的强烈反对，对我而言它似乎不值得认真对待。那天结束时我们又回头讨论了这些问题。

继而，社会学家、城市规划专家及文化评论家理查德·森尼特（Richard Sennett）提出了潜在的悲剧性境遇，即艺术、游戏之物、自我表达和阅读（以我之见）也许只能在少数的精英机构中找到支持和容身之所。劳特利奇出版社和哥伦比亚大学出版社兼职编辑、库珀联盟人文学院现任院长威廉姆·杰尔马诺

（William Germano）向我们指出，作者和读者的关系本质上是道德性的："写作，如你所意；写作，如同你所写的可以改变读者。因为它确实可以。" 我想大多数与会者都认可这一召唤。

在第三个议题中，我们致力于人文学科与人权之间那悬而未决、争议颇多的关系。人文学者未必就要传授人道主义。我想，若声称研习人文学科将使人更加人道，只会促成混乱——历史上有充分的例子堪为反证。我们当然想要推动人们阅读好书，可我们不能以为它们必然带来善果。实际上，伟大的书，从《约伯记》、《俄狄浦斯王》到《白鲸记》、《卡拉马佐夫兄弟》，都广泛地非议了人类生活的美好图景和传统美德。如我们所知，人文学科主要源于文艺复兴时期人文主义恢复和研读古典文本的关切。"literae humaniores"（人文学科）的事业是指，从业者要从人类的
8 境遇出发来对待人类的反思。这未必等同于我们以为的有关人权的正确思想。

人文学科的学习在何种程度上可以为思考人权提供基础？文学和深读所推动的富有想象力的共情形式是否确为人权话语的基石？此前我曾提及，这个观点由历史学家林·亨特提出，她在其著作《人权的发明》（*Inventing Human Rights*）中指出，人权观念肇源于18世纪文学，主要是小说——尤其是塞缪尔·理查森（Samul Richard）和让-雅克·卢梭的书信体小说——教我们发挥想象，设身处地地理解他人。这也是亚当·斯密在《道

德情操论》中所提出的观点。18世纪所谓的“同情”(sympathy)和“移情”(empathy),源于人们从他人视角来观察、感知世界的能力。我们意识到人类尊严被侵犯,无疑也由小说推动而成,从哈里耶特·比切·斯托(Harriet Beecher Stowe)的《汤姆叔叔的小屋》,到库切(J. M. Coetzee)的《等待野蛮人》(*Waiting for the Barbarians*)均是如此。不过,借由虚构性叙事而获得的人权观念就没有局限吗?卢梭自己即提醒我们,模仿情感的能力含有危险:模仿本身可以满足并搅乱我们的道德指南针。

讨论这些问题的,有哲学家、精神分析学家乔纳森·李尔(Jonathan Lear),以及法学家保罗·卡恩(Paul Kahn),他的研究既包括《马伯里诉麦迪逊案判决书》(*Marbury v. Madison*),亦观照《李尔王》。乔纳森·李尔富有感染力地讲述了印第安克劳族(Crow Indians)最后一任大酋长的话怎样激起了他的反应——大约在他听完这席话15年之后——促使他以哲学和心理分析的阐释方式去接触印第安克劳族部落,感受文化认同的惨痛丧失。李尔的讲述为如何连接阐释技巧与道德使命提供了一种范例——将一个人的生命放置于他的阐释行为的后果之中。李尔清晰地勾勒出他的论见切合我们的议题:社会科学研究者(他们已开展大量对印第安克劳族部落的研究)的测量工具无法全面地理解文化的毁损和信仰系统的遗失。唯有人文学科的阐释性阅读才能培育出全面的理解。当李尔号召以“诗意”来对待美国主流文化带给印第安克劳族文化的伤害时，他明白诗歌意味着词语可以将我们从自满和倦怠中唤醒，使我们眼中的世界焕然一新。

同情他人之痛，于是要求阻止此痛，人权法正是在此基础
9 上获得了普世意义，但保罗·卡恩对此持怀疑态度。政治想象不仅依赖于同情心，也看重牺牲精神，由此催生出暴力。对卡恩来说，人文学科可以提供法律和社会科学的阙如之物：阐释行为本身即是一种创造行为。他提出的重要观点是“阐释出的真理不能脱离阐释行为”。亦即，一个阐释的制造——它只能在潜在的无尽对话中，由另一个阐释来回答——既需要从结果上，也需要从它产生的过程中得到评判。在卡恩看来，信守人类的尊严，并不在于同情他人苦难，而是需要共享人类创造力的秘密。

对此予以评议的是普林斯顿大学法学与公共事务学院课程主任金姆·莱恩·谢佩勒，以及普林斯顿高等研究所社会科学院教授迪迪埃·法桑（Didier Fassin），法桑的研究由无国界医生转向人类学和人道主义干预的政治学。谢佩勒从卡恩对人类创造力的辩护开始，认为自我主导性（self-authorship）意在张扬个体的尊严。在此，她谈到自己对俄罗斯和东欧的认识，以及如何通过反讽、引用和音调不协——谢尔盖·乌夏金（Sergei Oushakine）所谓“模拟式抵抗”（mimetic resistance）的策略或技巧——在实践中抵抗极权主义。在一个政权希求封闭和警察式监管的空间

中，创造力是一种阐释，一种抗争行为。基于对人道主义干预后果和人权问题的悉心研究，迪迪埃·法桑对人文学科既捍卫亦提出批评，并提议在社会科学和人文主义的思想之间建立创造性的对话。如果说“对人权和人道主义的想象充满宏愿，即相信好人可以通过卫护、协助来向他人行善”，这一点需要接受审视，因为它既能行善亦可作恶。对人权的诉求，会将政治诉求夸大、混淆为基本权利。法桑在末尾引用了康拉德小说《黑暗的心》中殖民者库尔兹所说的“进步”（progress）一词，漂亮地解释了这个问题，因为库尔兹恰恰体现了人道主义想象如何变为疯狂。

在每一议题的结尾，我们都为各小组成员及听众的讨论预留了时间，并在最后设置了圆桌讨论环节。在这些讨论中，我们常回溯萦绕着这次会议的中心问题：人文学科所从事的这种工作，能够表明人文学科中存在着某种道德伦理吗？乔纳森·卡勒和迈克尔·罗斯对这个话题尤其持否定意见，而我也同意他们，认为源于人文学科的道德伦理并非简单之物。借用马修·阿诺 10
德（Matthew Arnold）对文化的捍卫，学习“世界上曾被思考和言说过的最佳之物”，或许能为理智的道德思考提供前提条件，却并不直接创造道德观。但正如我前面提议的，我认为这个问题需要被重构，原因不在于它涉及阅读的效果，而在于阅读行为本身。恰如保罗·卡恩的评论所察，人文学科中，阐释出的真理不能脱离阐释的行为。

我个人认为，文学教师（对哲学、艺术史或音乐等学科的教师来说，亦可成立）具有不以自己的声音发言的独特经验。在课堂上，我们让其他的声音，比如过去的声音，通过我们来发声。作为阐释者，我们是他人的喉舌——我们是他人观点和话语的发声机。他者性（otherness）体验——或许是一种类似济慈所谓“消极感受力”（negative capability）*的体验，诗人据此而置身于他人的人格和视角——对我来说，是人文学科阅读和阐释的特性，它会导向一种特定的道德情境：借助文本达致忘我境界，空间中响起另一个声音。当然，文本也可以是一幅画、一块陶瓷残片或一个乐句，而被阐释者与阐释者皆共享一个舞台。在最理想的情况下，这种态度使他人的声音得到极度有力、清晰的发展，而不会以一种双重的感知去审查它。开始上课时，文本或人工制品也许缺席或喑哑；而我们的工作就是要力图让它发声：不是我们的声音，而是我们从我们的理解中创造出来的声音，于是学生才得以

---

* 济慈提出的“negative capability”有多种汉译，如“否定能力”“负性能力”“消释力”等等。此概念来自济慈给其弟的信：“I had not a dispute but a disquisition with Dilke, on various subjects; several things dovetailed in my mind, and at once it struck me, what quality went to form a Man of Achievement especially in literature and which Shakespeare possessed so enormously —I mean Negative Capability, that is when man is capable of being in uncertainties, Mysteries, doubts without any irritable reaching after fact and reason —Coleridge, for instance, would let go by a fine isolated verisimilitude caught from the Penetralium of mystery, from being incapable of remaining content with half knowledge. This pursued through Volumes would perhaps take us no further than this, that with a great poet the sense of Beauty overcomes every other consideration, or rather obliterates every other consideration.”即济慈认为“negative capability”是一个人有能力停留在不确定、神秘与疑惑的境地，而不急于去弄清事实和原委。——译者注

与之对话。作为教师，我们在与他者声音的对话中言说，为了对话的公正性，我们尽力以最大程度的公正让这声音如其所是地呈现于课堂。

因而，细读的规则就在于忠实地再现他人的声音和形象，或许可以更确切地说，是通过我们自己的言说行为来激活他人的声音或形象。在此，我的意思近似于拉莫尔的主张，即读者必须置身于“作者”之中，但我认为这并不适用于一个被投射或被推想出来的作者，恰似亨利·詹姆斯（Henry James）的鬼魂。坚持让读者与作者合体，就会损失对行文、体例和文类等因素的通盘理解。发挥洞察力、分析力和想象力，我们再造（re-create）出假定的作者，将我们设定的意义灌注其中。在此意义上，阅读正是一种**实践**的规则——不是提炼内容或是从阅读的对象中获益，而是尽力在规则的制约下，使**阅读过程**中的所见所察融洽于文本的 11
意涵。

当我们说，在学习文本性人文学科（textual humanities）的体验中，“同情”和“移情”居于核心地位——比如，正是在此基础上，对人权的理解往往源于对小说所提供的他人之主体性的理解——这未必是一种简单的感伤主义。我们不会认为阅读《克拉丽莎》* 或《包法利夫人》将使人行事更道德：这有可能，但这种

* 《克拉丽莎》（*Clarissa*）是18世纪英国小说家塞缪尔·理查逊（Samuel Richardson，1689—1761）的书信体长篇小说。——译者注

主张本质上是感伤的，而感伤易被歪曲。实际上，萨德侯爵笔下的18世纪感伤小说，愉快地扭曲了它们的教育主张。然而，拒绝一个感伤主义者的主张，并不意味着我们不能得出一个或许更低调但更精确的主张：人文主义的道德观正是蕴含在阅读的实践中，它的规则就是细致、专注、忠于文本等阅读阐释行为的规则。做好这些，本身就是一桩德行。

人文学科何为？我对此问题的理解将我带回到讨论开始的地方，即朱迪斯·巴特勒提出的那个迫切的问题：我们如何在公共生活中捍卫人文学科及其重要性，而不借助特定的语言和特定的价值框架，因为后者要求我们以纯粹工具性的术语理解知识。这个问题的迫切性如今更加突出，在英国和美国都一样，我们人文学者要通过发表思考和写作的"可交付品"，来衡量我们的研究有何影响。这也扩展到我们的教学中。自从2006年《斯佩林斯报告》(Spellings Report，玛格丽特·斯佩林斯是小布什政府的教育部长)发布以来，以某种标准来评估学生在高校教育中学到了多少，以及高校的表现是否值得家长和国家机构的投资，这样的要求日益高涨。[6]《斯佩林斯报告》断言，这个问题在于"家长和学生缺乏坚实的证据，无法在各机构之间比较，无法衡量学生在高校学到了多少(how much)，无法判断他们在这所高校的收获是否比在那一所大"。[7]注意，这里用的词语是"多少"。解决办法呢？"学生的成就与机构的成功紧密相关，机构必须以此为

‘附加价值’来加以衡量，在评估它们的成果时要考虑学生的学术水准。这个信息应该让学生获知，而且要汇总起来公开发布，为消费者和政策制定者在衡量不同高校的相关绩效时提供一个方便易懂的渠道。”[8]以“附加价值”衡量“相关绩效”，让人联想到欧洲人熟悉已久的附加税——在商品进入销售环节时，估算它们的附加价格。 12

这些提案对大学自主性和学术自由的威胁显而易见：这是大学版的《不让一个孩子掉队法案》(No Child Left Behind)，如果实施它，也会使教学变得程式化，即应对那些发明出来的测试、合乎评估标准而教学。我曾注目过“高校学业评估”(CLA)中的案例；这套《斯佩林斯报告》推荐的测试，据称被用来检测高等教育所信奉的一切核心成果——批判性思维、分析推理、解决问题及写作的能力。CLA已赢得了相当大的权威性，取得了一些基金会的支持，长此以往，如果被广泛采用，便会大量盈利。

CLA上的题目似是用于测试解决问题的技巧。理查德·阿鲁姆(Richard Arum)和乔西帕·罗克萨(Josipa Roksa)那本广受评论的《学海漂流》中描绘了一个人，他要学生担任DynaTech的总裁助理，该公司制造精密电子仪器和导航设备。[9]在销售团队中一个成员的推荐下，DynaTech要购入一架小型企业专机，SwiftAir 235，以便更有效地与客户来往。但后来有一架SwiftAir 235坠机了。学生面前摆了一套文件：有关坠机的新闻报道、关于单引擎飞机航行中解体的联邦事故报告、SwiftAir运行特性的图表、《业余飞行员》(*Amateur Pilot*)杂志上将SwiftAir 235与同类机型相比较的一篇文章、与采购计划相关的公司内部邮件。然后这个学生必须准备好一份备忘录,来评估既有信息,并就DynaTech是否还应购买这种飞机给出一个建议。

面前这个问题恰似现实工作的演习,假如一个学生在麦肯锡咨询公司找到一份工作,他或她就得努力完成它。实际上,这很像哈佛商学院所开创的案例学习,这种学习方法如今已被公认为商学教育的标杆。它测试了学生的诸种能力:评估数据(其中有些是相互矛盾的);撰写报告,展示各个选项的优势和弊端;给出一个流程,人在可靠事实和阐释的基础上能据此标准得出一个结论。然而,仍有很多东西是它无法检测的——关键在于,在整个人文学科中,对数据(包括文本、艺术作品、工艺品等,如果在史学、语言学、风格体裁、社会政治或其他语境中对它们缺乏深刻
13 理解,则结论难免片面和偏颇)的阐释与此大不相同。在人文学科中,阐释的目标不在于一种工具性的结果(诸如DynaTech该不该买那种飞机),而是追求对过往文化或当今文化创造物之价值的理解。它简单而深刻,是一种与众不同的学问和知识。

CLA彰显的观念是朱迪斯·巴特勒所谴责的,即知识是工具性的,这种观念已极大地妨害了我们的文化和大学。我们如何找到那种不是为了附和——那本身就意味着迎合工具主义——

而是为了颠覆对价值领域的警察式管理的语言？我认为，不应通过申说人文学科正因其无价值而需要精准培育。我绝不相信我所教的东西是没有价值的。相反，我认为我每天都在和价值打交道。但学生从我的教学中获得的看待世界的方式是难以被精细说明的；它显然关乎自省式的阅读，能够理解日常占据我们的注意力（或无心状态）的信息是被创造出来的，是人为的、修辞的产物而非自然的过程。我未对这种教学的效果设计出什么测试；但如果我可以筹划这种测试，我想它应该安排在学生25周年重聚时。这种时间弧，在我看来，正是人文学科教学的关心所在。

朱迪斯·巴特勒在最终讨论环节的末尾将“衡量”（measure）的问题回溯至亚里士多德，而我要坦承，我对“衡量”一词的理解和实践不仅得益于亚里士多德的《伦理学》，还受到《诗学》的启发：这部论著不是关乎意义，而是关乎意义的创造，为我们制造意义提供平台。我希望我教的东西与之相关。我希望阅读教学是一种有典有则的实践，能使学生对这个世界上的人文现象有更多理解。在此引用华莱士·史蒂文斯（Wallace Stevens）的诗句：

> 从这之中那首诗涌现：我们活在
> 一个不属于我们自己的地方，更有甚者，不是我们自己
> 尽管有那些纹章装饰的日子它依然艰苦。[10]

当然，这出自他的《最高虚构笔记》(*Notes toward a Supreme Fiction*)。*为了在公共生活中为人文学科申明一席之地，我们主张，虚构叙事不是对现实的干扰，而是一种理解我们在现实中生
14 活于何处以及如何生活的核心方法。

---

* 译文引自[美国]华莱士·史蒂文斯:《最高虚构笔记：史蒂文斯诗文集》，陈东飚、张枣译，上海：华东师范大学出版社，2009年，第170页。——译者注

日常，不敢相信

朱迪斯·巴特勒

我们不应只是毁灭的对象。

——兰迪·马丁（Randy Martin）

我曾反复思索，如何最好地开启这篇关于公共领域中的人文学科的文章，因为这些术语太宽泛：人文学科、公共领域，或者更确切地说，公共生活。不过，这桩任务的意旨相当明确：我们要在两者之间建立联系，或者就如何展现这种联系提供一些指导。我们之所以被要求这么做，原因之一是这种联系已变得不确定。对此邀请，我的第一反应肯定是直接宣布这种联系是清晰无疑的。然而，我们还是应该辨析清楚，这个所谓的公共领域里正在发生什么，以便建构事件及其意义，估量我们思想的动向，甚而在必要的时候勾画出参与模式（modes of engagement）。如果没有解读文本和图像的能力，如果不能理解我们的世界是如何形成的，如果不能思考我们希望我们的世界呈现什么样的形式，并为

我们所选择的那些形式提供理由，那么上述构想能够实现吗？似
乎，所有这些公共参与的基本形式都需要一种能贯通阅读、历史、
文化、传媒、哲学和辩论的教育。当然，批判性思考是思想的进一
15 步操作，包括不把何为公共领域视为理所当然。但无论如何，这
个领域没有永久不变的边界，而它确实具有的边界巧妙地部分排
除了那些应该保持非公共、受遮掩或私人化的东西。这显然可以
很好地解释为什么投身政治可能就是投身公共领域——但也会
溢出公共领域，有时甚至反对它。因此我们需要知道公共领域是
如何构成的，通过什么媒介和习语（idiom），如何以不同的方式扩
张和收缩，其中原因何在，谁人受益，谁人受损。我们还应该有能
力估量我们所踏入的这片公共领域有何变化。

因此，要问人文学科如何投身这个领域，我们就得知道此话题涉及的是哪一种“公共”，它如何以及为什么有目前的表现，它是否确该如此。我们有很多人支持人文学科的理由是，一个公民如果没有文化甚至公共素质，就不可能有所自觉地投入公民化和民主化进程，遑论影响更深远的民主斗争形式。我们得知道如何阅读报纸，如何理解和评价电视、电影、视频、街头报亭上的形象，作为世界的一部分，它们往往呈现在我们眼前，供我们找寻前进的道路，然而这不意味着它们会以相同的方式来自我呈现。如果我们不仅要将自己理解为既有公共领域的参与者，还自视为“公共”概念的积极建构者，那么关乎意义之理解的教育

就是必要的。我们得既包容又批判性地看待那些在公共生活的各种习语中应该被了解、听闻、看见和辩论的东西，不论它们是口头的还是书面的，视觉的还是听觉的，实体的还是触觉的、演示性的。如此，理解意义的教育大概是我们所谓“感知民主”（sensate democracy）的前提条件，靠它，我们听闻、感觉的能力不会被我们借以了解世界的媒介削弱。当这一关乎何者可被谈论（可听可说的）、何者可被展现（视觉和演示性的）、何者可被触及或接近（流动的前提）的领域被诸多约束性的权力所局限时，这种削弱就产生了。其中的关键不在于有完全的自由去听、说，去展示一切，或去任意迁移，而更多地是可以自由评估施加于感官的那些微妙的限制，去追溯它们的来龙去脉和空间结构，批判性地评价世界是如何被组织起来的，以及如何可以被组织得更好。

当然，日益艰难的是，我们如今在压力之下描述和捍卫我们所信守的一套命题和信念，其中的价值指导我们的日常实践，给 16
我们带来更宽广的职业使命感。当然，身处公共体系与身处私有体系所受的压力是不同的，且压力还取决于这一体系的精英化程度。但要义在于展示对于公共生活的投入，从一开始就密切关乎人文教育，它向我们指出如何去思考，去对待语言和形象，去阅读，去制造意义，去干预，去抽离，去设置评价标准，甚而使世界焕然一新。对教育者来说，这些问题如此根本，以至于我发现自己在其中裹足不前。不得不问，是什么情况让言说和被倾听变得日益困难？我认为的自明之物，与新的价值评估机制之间出现了代沟，这种新机制竟要一再强调那些自明之物。的确，有时我发现自己很是疑心，因为我误以为这些活动的公共价值是如此自明，以至于它们几乎不需要被捍卫。[1]

我相信我们都知道这个危机的基本指征，尽管我们可能对其具体表现和产生情态各有已见。投向人文和艺术学科的公共资金正遭到削减，法文、意大利文、俄文、戏剧、古典学、哲学等专业已被收缩，在英国和美国甚至出现整个语言系被骤然并入另一个系的情形，毫不顾及学术层面。嘲讽有时还直接地公开指向整个知识领域，包括民族研究和种族批判（这两者在亚利桑那州都被宣布为非法），而且这些活动的公共价值迅速变得不太顺理成章。我甚至不想逐一列出那些我们需要担忧的事物，至少在此会场，因为我假定你们都已知晓。但是，不只纽约州立大学奥尔巴尼分校的法文系、英国米德尔塞克斯大学的哲学系被高调关闭，美国有诸多大学已裁掉了德文、拉丁文、意大利文和法文系。据估计，2010年有54个语言项目处于绝境。[2]许多以前每年招收10至12名学生的研究生项目，如今已压缩到每年2名甚至为零。[3]历史系也举步维艰，这一点从研究生教育和就业情况中一目了然。《高等教育纪事报》（*Chronicle of Higher Education*）告诉我们，非洲史教职需求2010年下降了62%。拉丁美洲史也大幅下跌了43%。往年需求最大的方向是欧洲和美国史，可即便是它们，也分别下降了34%和28%。[4]

有人也许会说，“这不过是因为预算危机”，要么斥之以“愚
蠢”，要么暗地里任其发展。这种情况仍在延续。不过，如我们 17
所知，削减预算或增加开支都需要决策过程，而决策必然取决于更宽广的价值理念。它要提供解释，说明哪些项目疑点丛生，哪些项目缺乏有说服力的立项依据，需要削减。因此，如果人文和艺术学科的损毁是巨大的，正如目前所见，那么问题来了：是何种价值观使得管理者倾向于决策哪里要削减以及削减什么？如果对人文学科的怀疑（它往往不是一种单纯的怀疑）造成了这类决策，那么人们该如何辩驳？

我惊讶地读到了克里斯托弗·纽菲尔德（Christopher Newfield）那十分有趣且颇富研究水准的观点，即人文学科并不构成大学财政的花销渠道，而是引来了学费，可以用来资助其他学校，并增进大学的学科建设。[5]这个论见在很多意义上耐人寻味，但最明显的是，这个学科不太可能具备盈利能力——它的开销要通过其他途径来解决。但它指出了其他方面：尽管我们清楚地看到，对学科盈利能力的要求日益增加，可我们也看到一套新的价值观，它固然将盈利能力视作一个因素，但也包含“影响力”、可推向市场的技艺、管理效率、对捐助者的吸引力、对人力资本的推进，以及系统分析的内在要求，所有这些都被界定为新自由主义的印记。[6]需要更密切地审视这套价值观的内涵，正如

它审视那些被它抹去甚至推向湮灭的东西。

反抗湮灭是我任务的一部分，但为了给它铺路，我要回到“自明之物”的问题上来，一种已遗失、变形的自明感。因此，首先要问，人对自明之物的拥有是在何时何地消失的，在何时何地会拥有另一种东西？我想指出，理解这种变化将有助于重新定位我们对“公共生活中的人文学科”这个问题的关注点。但我希望大家在其中寻找出路时要有耐心，耐心也是濒临绝境的价值理念之一。

如果不能确定人文学科与公共生活如何关联，也许我们只需指出这两个领域之间的鸿沟，认为这要么是宝贵的，要么是无可避免的差异，或只是简单地将其归咎于公共生活中感知力的当代局限。这些策略也许以有趣的方式描绘了种种缝隙，却只能让我们止步于对这种僵局的承认，无法确切地道出我们的绝望。就
18 此话题，我读过一篇文章，它问道：“我们如何拯救已死之物？”[7]
在它的作者看来，人文学科的命运受制于大学的命运，我们不如把精力转向拯救大学。确实，我无法否认这项任务会紧随一系列重大改观，但我们仍要聚焦于人文学科的关键使命，借此才能开始重新思索大学自身的任务。迫在眉睫的是，要理解关于生死存亡的话题是如何发生的，理解对于一个世界已然消逝的宣告。为此，我们必须思索新的价值衡量标准，也必须考量目前文化之战的具体形式。

虽然里克·桑托勒姆(Rick Santorum)早在2012年就宣布退出总统竞选,但其言论显然萦绕不散,引起持续共鸣,依然值得关注。它们取悦并陶醉于欣欣向荣的反智主义。他解释自己就读宾夕法尼亚州立大学时成绩为何那么差,原因是老师们都是左翼人士,基于他的政治观点而给了他可怜的分数作为惩罚。[8]桑托勒姆和那些被敏感心煽动的人,往往将智识的追求与其自身的意识形态性混为一谈,意识形态在此指涉一种固执而强制性的政治目标、观点或框架,而非经过反复思索、充分验证的论题。他把文理学院和大学比作使学生从信仰转向世俗主义的"教义碾碎机",就是一个明证。

因为我们正在简单地列出清单,所以我打算引入亚利桑那州出于教育目的而颁布的对80多部小说和其他书籍的禁令,包括马特·德拉培尼亚(Matt de la Peña)的《墨西哥白人男孩》(*Mexican White Boy*),因为它含有"种族批判理论",不免会被读解为"宣扬种族仇恨"。[9]这种论见将文学作品(包括桑德拉·希斯内罗丝所写的)*贬低为政治观点的想象性叙事,表明持论者并不真正了解叙事的声音或角色,他们不想费心于文类和形式等基本问题,他们以为文学叙事就是教条的转录。意识形态在这些案例中的主导地位,再次伴随着一种恶意的反智主义。

---

* 桑德拉·希斯内罗丝(Sandra Cisneros,1954—),美国女诗人,墨西哥裔,《芒果街上的小屋》是其成名作。——译者注

这很重要，因为人们可以反对这种意义上的意识形态，寻求一种更恰当的智识路径去对待文本——这可能是旧保守主义的论见（我承认，自己有时宁愿选择论敌的这个观点）。这些例子说明，一种文化之战的形式如今在某些州已具有法律效力，这直接意味着人文学科的贬值和失信。因此，我们都要想到：政治性
19 保守主义的攻击补充和强化了行政上的或新自由主义的痼疾，它们越来越占据优势地位，但是它们不会，或并不总会成为大势所趋。

实际上，令人困惑的事情之一是那些无视人文学科价值的人常显得像创新者，趋时而进，与大学里的顽固和封闭势力斗争。诡异的是，此时老派保守主义发现他们自己踏入了批判性左翼的阵营。在高等教育的公共机构中引入新衡量标准的人，往往拥戴新的增收计划，假定它会拯救大学；他们还捍卫在线教育，坚称诗歌课在网上教和在现场讨论没什么区别。在座有人在加州大学伯克利分校反对在线教育，指出集体阅读和直接面向文本、共同研读字里行间以及引导讨论的重要性，这时我们发现自己被贴上了保守派和“感伤主义”的标签。因此我想知道，发生了什么以至于我会觉得自己成了所谓的保守派？各种组派如今似乎都在为“新”而战，而这个词的话语权现在却属于那些力求制造可盈利的网络项目的人，以丢弃细读和慎思为代价。

结果，我时而觉得自己像个疯狂的左翼，时而觉得像保守

派，我发现自己抗拒这种“新”，我看到这种提法正在慢慢垄断一些话语，诸如“创新性的方案”中的“创新性”，甚至“未来”等词。我发现自己想要避开一种损失，它对我来说如此沉重，无法承受。我有时甚至想，也许我足够幸运，能够在见到人文学科被彻底毁灭之前便离开人世。我担忧地注意到，有人想要放弃给艺术的资助，因为它们如同“奢侈品”，或放弃人文科学，因为它们是左翼的避风港，或者是明显无用的。当新自由主义的价值矩阵联合反智的保守主义，我们便处于双重困境中。[10]一种批评家声称，人文学科不如艰深而盈利的自然科学，因此没有价值；另一种批评家则说，人文学科偏离了信仰的真理，因此是社会的危害。有人说它没有真正的世界影响力，而另一些人则称我们的价值只能来自“界限之外”，就像有某个超然出尘的别处，刻写着我们的价值和法律。

我以为是共识的东西似乎变得越来越难以理解。自明之物应该是，我们只用指向它就会想起它的地位。那么，当我们观念
中的自明之物变得费解时，或者当那些曾被认为过于费解的想法 20
慢慢被视作显而易见时，发生了什么？震惊或愤怒是不够的，因为它们不会转化为一种方法来重建不同的现实感，来对自明之物提出不同的宣示。不过，如果我们感觉不到震惊和愤怒，这就说明我们对攻击已变得习以为常，默许它或者与它共谋，被有效地招募其中，接受自明之物的新含义，如今，自明之物的这一层含义

诡异地以“新”自居。

当然，可以看到我已经进入了某种理论的疆界，因此说自明之物的不同版本可以被获得或失去，意味着什么？比如，说自明之物的某个版本占主导地位，诸如此类的表达是不够的。如果它是主导的，则存在着竞争者，不论怎样边缘，我们所讨论的那种版本的现实仍将尽力博取主导权，但它尚未如此。在此，“意识形态”这个词关联到自明之物的症结。显然，有人认为，大学已变得意识形态化，而人文学科是它们的意识形态中心；而这个定位反过来使它自己丧失了资格，因为它自我定位为一种意识形态的进攻，从政治的光谱出发来针对人文学科，其做法不过是说这一切都是战争。如果我们试图理解何谓意识形态、它在这些论战中是否据有一席之地，那么上述观点终究没有建设性。

路易·阿尔都塞（Louis Althusser）曾致力于解释某些事物，比如“自明”的意识形态化的表层，并花时间力求洞悉自明如何得以建构等问题。[11]当然，他谈到国家与压迫的关系，这种关系中所浮现的，正是他所谓的“一种特别的自明性”。[12]实际上，在他的概念里，没有哪个人或主体会造成这种情况，但国家与其国民之间的关系促使这种特别的自明性发展为它们共谋关系的一种特征。他给出这种自明性的命题形式：“是啊，它就是这样，真的是这样！”[13]我们能否领会阿尔都塞的意识形态概念，首先取决于我们能否看到说出这些话的人与听这些话的人是相关的。因为声音呈现为书面文本，由此，要反思他所谓的意识形态，书写和阅读就尤为必要；事实上，意识形态不只是一种思想体系，它还将我们构成关涉他人的主体，写下文字、阅读文本的我们就是这种主体。意识形态并不引出或导致我们的存在，而是表现为某种描述方式，勾勒出那张拴住作者和读者的关系之网：用他的话来说，“双方都‘自发地’或‘自然地’生活于意识形态之内”。[14]因 21
此他描述了我们居于其间的媒介，它由读者和作者构成，但同样也是由说者和听者构成的——它们出现并被看见，它们流动，或与其他正在协商获取流动性的事物保持关联。我们生活在意识形态中，如同生活在某种气候中；实际上，这种气候是具有附加条款的历史信念，未必就是我们所制造、持有并整合的信念，而是如风般吹拂我们的一套信念，它促生思想的交流。于是，意识形态未必就是批评家在片刻间拆取或识别的东西；它更像是我们聚于其中的一种集体气质（ethos），要不就是为我们的稳定性和流动性提供支撑的文化表层。这意味着意识形态并不总是单一、拘泥不变的，有时它所依赖的“自明性”出现裂缝，一旦开口就不易闭合。

有人会说，阿尔都塞的名字将出现在桑托勒姆所忧惧的作者名单上（假若如此，便可以表明桑托勒姆知道阿尔都塞，而这不太可能）。要求读阿尔都塞，或许是因为那个将宗教信仰者转变为世俗论者的“教义碾碎机”。我认为，可以看到信仰在阿尔都塞的意识形态概念中相当重要，因为它是教会和经文的筋梁；在我看来，不能轻易将他标记为马克思式的世俗主义者，因为他所称的意识形态化的信仰形式在运行过程中并没有简单地被理性完备的批判所战胜或否定。为了解释这种将我们拴于“读者-作者”之网的自明性，阿尔都塞上溯到圣保罗。用他的话说，“正如圣保罗令人叹服地说，我们正是在‘逻各斯’，亦即意识形态中，‘生活、流动，并拥有我们的存在’”。[15]圣保罗已在描述意识形态，并以此对马克思理论做出了超前（avant la lettre）的贡献。紧接着，阿尔都塞总结道，“于是，对你和我这类主体来说，有一种初级（primary）的自明性（自明性往往是初级的）：显然你和我是主体（自由、有道德属性等等）。就像所有的自明性，包括那些制造了‘命名’或‘具有含义’等语汇的自明性（因而包括语言具有‘透明性’的自明性）”。以某种非自明（nonobvious）、不明显的方式，阿尔都塞所称的意识形态将“自明性强行封为（impose）自明性”。[16]就此而言，一种相当非自明的，或者说完全隐晦的使用语言的方式似乎出现了，因为我们并不习惯“自明性”的复数名词形式（obviousnesses）。我甚至不敢大声讲出它，因为它会被轻易地当作碾碎机下的谷物——不是教义碾碎机，而是那种为了以或晦涩或轻佻的方式开展语言实验而企图磨碎人文学科的碾
22 碎机。

尽管如此，当某些东西通过某种程序在我们面前被构造成

自明的，它无疑是以非自明，或是完全隐晦的（obscure）方式发生的。隐晦道出了自明之物被构造的过程。当某物被营造得不够自明时，隐晦浮现了，但这些词显然是相对的，对阿尔都塞而言，自明性即我们"不会认不出来"之物；而我们作为主体，某种程度上为他所谓的"在日常生活中对意识形态式承认的仪式性实践"所定义。[17]他告诉我们，我们有朋友，朋友敲门，而当我们问"谁在那儿"，他们答复"是我"，在这一交流的时刻，我们就将此人认作我们所认识的那个朋友。经过思考，我们明白，当有人问"谁在那儿"，所有的"我"都会说"是我"，因此当时呼叫或敲门的人所说的"我"可能是任何人。虽然我的回应具有非单一性，这个特有的我有时却是可识别的："哦，是你。"这发生在作者和读者之间，也发生在言者和听者之间。于是，阿尔都塞进入了反身性（reflextivity）："我当前执行的写作和你当前展开的阅读在这个意义上都是意识形态式承认的仪式，包括那个我将我思考的'真理'或'错误'施加于你的'自明性'。"[18]

且以卡夫卡的小说《记一次战斗》为例。他1904年开始写这个故事，五年后写完。[19]可以说，在他写作时所处的世界或气候中，某种自明的现实正在消逝，或者说它们插曲式的再临已足以令人诧异。此则故事中有个场景，两个人在教堂里相遇，但他俩都无法站好或轻松地保持平衡。一个人动脚形同移动假肢，而他并没有装假肢。另一个人力图保持平衡，而他的方式只会产生不平衡。他们笨拙地扑向对方，试图交流却徒劳。一个人难以置信地向后倾斜，另一个在旁边弓着腰往前倒，其姿态既有着隐约的性感，又显出彻底的不适。第一人称的叙述者解说道，他已无法挺直身子走路，那种正常的步态逃离了他。他问，“如同影子，我沿房子边缘跳跃，有时还消失在陈列橱窗的玻璃中，我难道不该对此表示极端不满吗？”他接着说，“我过的是什么日子啊！为什么所有房子都盖得这么糟，以致有时高楼大厦也会倒塌，而人们从房子的外表却找不出一条倒塌的原因。于是我爬到瓦砾堆上问每一个我见到的人：‘怎么会发生这样的事！在我们的城市——这还是一所新房子——这已经是今天第几所倒塌的房子
23 了——您想想。’没有一个人能回答我的问题”。[20]所以，应该被竖立和建造的东西正以惊人的速度消解，随之而来的世界不具备时间和空间上的协调感，或者说不再具有，抑或从未具有。

接下来描述的是日常生活开始跑偏，其中最自明之物似乎变得最为隐晦。叙述者继续说，“街上常有人一倒不起，就那么死了。这时所有的商铺就会打开他们挂满了货品的店门，敏捷地跑过来，把死者拖到一所房子里，然后嘴上眼里带着笑意走出来，扯开了闲话：‘您好——天真是灰暗——我卖出去很多方巾——是呀，打仗了。’我快步走进楼房，好几次我胆怯地抬起手，弯曲着一个指头，最后敲了敲住房勤杂工的小窗户：‘亲爱的，’我友好地说，‘有个死人被拖到这儿来了。’”作为叙述者的“我”企图冒

充秘密警察，却没能打动勤杂工，过了一会儿，他答道："'这里没有死人。可能在隔壁。'我戴上帽子走了。"[21]

在此之后，这副身体开始散架，完全失重。狂风起，叙述者抬头看到教堂，"圆柱上圣母玛利亚的斗篷被吹得鼓鼓的，狂风要把它撕裂。这些难道没人看见吗？本该走在石子路上的女士先生们在风中飘悬。风稍停，他们便站住，彼此说上几句话，点头告辞，可风要是又吹起来，他们也抵挡不住，于是大家便都同时抬起自己的脚"。[22]然后在一个莫名其妙的转场中，听者回应，将我们带回到我们在意的自明之物的消逝感中。他回忆起他俩此前交流的某个时刻，当时叙述者问，"为什么我身边的东西就像落下的雪一样湮没，而对其他人来说即使是桌上的一个小酒杯也稳如雕像？"接着，"所以，您不相信这会发生在其他人身上？您真的不相信？那么，您听着。当我还是个孩子的时候，一次午间小睡后，我睁开眼，还没完全醒过盹来时，听见我的母亲从阳台上用很自然的声调向下边问道：'您干什么呢，我的亲爱的？真热！'一位妇人从花园那边回答说：'我，在花园里饮茶。'她们想也没想就这么说了，而且说得也不是很明确，好像那个妇人就等着这个问题，我的母亲就等着这个回答似的"。[23]

"我，在花园里饮茶"——在这个回答中，这个妇人仅仅是指她正在干什么，并向某个听者提供这一信息，这显然造成了一种自明感，无疑类似于"谁在那儿？""是我。"然而这一交流是在另 24

一番交谈中引入的，在那场新的交谈中，旧的对话引起了惊讶和疑问。后来，描述完建筑物倒塌、商店里的死尸被拖动而店家却否认有尸体之后，这个在花园里饮茶的小故事又被回想起。听着的人说："您刚才讲您的母亲和花园里那位夫人的事儿，我根本不觉得奇怪。不只是因为我听过和经历过许多这类故事，有些故事我自己甚至都参与过。这件事其实非常自然。您真的以为，要是我站在那个阳台上难道不会提出同一个问题，难道从花园里不会做出这同样的回答吗？这么寻常的一件事！"[24]最后的断言被结尾的感叹号轻描淡写地掩盖，表明日常之物亟于反抗日常之物的消逝感。

整场交流的结尾处，那个叙述母亲和妇人在花园里感到非常惬意的人，突然进入完全日常的话语，谈论起另一个人的领带，说他衣着多么漂亮，仿佛两人正献身于日常。恰似那些人迅速忘记街上有死尸，即刻沉浸在关于天气的寒暄中，这位叙述者投入到闲聊和恭维的日常话语里。尽管这个故事写于1904年，比第一次世界大战爆发早十年，卡夫卡极有预见性地记叙了那些难以言喻的事件。1914年8月2日，他在日记中写道："德国向俄国宣战——下午，上游泳课。"[25]

突然求助于日常和自明，某些问题会因此得到解决吗，抑或某些问题只是被掩饰？那一段故事的最后一行如是说："当供认被撤销时，这种供认才是最易于理解的。"[26]这一句充满悖谬，但也许并不令人困惑。毕竟，可理解之物不一定就是日常的交流、礼貌用语、日常恭维；它们掩饰、缓和了一种感觉——世界正在丧失稳定性，被迫湮没。将尸体吹到空中、打断谈话、暴尸于街、释放恐惧的风，大概可以理解为卡夫卡笔下人物活动和生活其间的自明之物的特有气候。当行人被吹离人行道，他们紧紧抓住自己的帽子，而“他们却都眉开眼笑，丝毫没有人觉得这天气有什么不对劲儿”。这一段的结尾是，“只有我感到害怕”。[27] 25

我早前注意到，我们可以指出新兴评价指标与人文学科特有的价值衡量机制之间存在缝隙，但这还不足以纠正我们的行动或改造世界。卡夫卡作品所揭示的那个自明之物中的裂缝，创造了一种道德的可能性。那些正变得日常的东西与它所掩盖和传达的毁灭性目标之间存在缝隙，暴露它，读者便得以进入道德的反思和警醒。就阿尔都塞而言，意识形态似乎意味着日常生活的有效运行，亦即当我敲门，这个“我”便会被识别——也就是说，谁在干什么这一简单的举动，被另一个人接收并理解。是我，在敲门。是的，你，很高兴又见到你。我，在花园里饮茶。此处有个我可以在上面安心休息的平台，有饮茶的简单举动，有能力指涉自身，对你说我正在做什么。重力、世界、食物以及沟通，这种种因素的基础对这些简短的插曲来说是完好无缺的。

卡夫卡的小说也在质询这样一种境况，即世界的牢固性和交流的可能性已经流失或正在溜走。卡夫卡的文本倾向于以中立、观察性的叙述声音来转述事件（各种“报告”和“调查”减弱了官僚主义者的高音）。当震怒、毁灭和苦难的场景通过这种叙述声音来播放时，呈现模式与被呈现之物间的裂缝就打开了；读者不仅看到了震怒，还感觉到轻松，借此，震怒被规整化和掩饰了。裂缝出现在自明的话语中，显示出这些声音和话语模式以其隐晦的工作方式掩饰了恐慌和难以接受的毁灭和损失。这种叙述声音实际上既掩饰了这些震怒，同时也让我们站在一定的距离之外去反思、评价这些事件的情态。

当我们读它时，我们进入街上死尸被拖走的设置中，进入日常闲谈的伪饰功能里，事实证明这样的环境令人不适。当我们读到这些声音，当它们彼此分离然后又汇聚，我们会将其界定为阿尔都塞意义上的意识形态性，但我们也有理由警惕，且不能避开刚才展示给我们的东西。关键不在于造成不诉诸任何行动的震动和愤怒，而是我们不得不将这种交流的丧失理解为新的自明之物，以及苦难形象的突然消逝；通过中立、和悦的话语掩饰灾难，令人难以置信，甚至是不敢相信，它诱导出怀疑，超越了固有的句法：不敢相信的日常（ordinary incredulous）。这样的写作使我们
26 沉浸于制造和撤销世界的过程中，而这并不是说，世界是经由写作而制造的。

可能有人不禁要说，我们必须集结力量去捍卫自明。阿兰·巴迪欧（Alain Badiou）就是这样做的，他引用华莱士·史蒂

文斯的诗《人背物》(*Man Carrying Thing*)："直到明媚的清晰肃立在冷冻中。"[28]我相信史蒂文斯的这行诗不会没有反讽意味，但我能看出为什么那些希望删减柏拉图的人会像巴迪欧这样来读它。我的观点是，卡夫卡可以和阿尔都塞一起读，自明及其拆解发生在阅读和写作中，在各种交流模式中，视觉的、口头的、触觉的，我们彼此相系。重新思考卡夫卡语境中的意识形态问题，我们或许可以从问这些问题入手：那些关乎言说和倾听、阅读和写作、展示和看见的基本命题是否已被消解，成为难以压制的惊惧，提醒我们什么已被毁灭，什么快要被毁灭，以及保存和复活最有价值的东西意味着什么。

在本文的最后，让我来考量一些用以捍卫人文学科并阐发我认为我们面临的道德任务的突出形式，在我看来，这一道德任务不可脱离于批判，以及那些或许可以恰切地称为"对抗湮没"的东西。我不是说我们需要锤炼批判、拆解的技艺，而是希求将我们的批判实践与道德思考相连，思考那些迫使我们为之斗争的文化的活力和破坏力，因为它们关系到什么有价值、价值应该是什么等公共问题。

在过去几年里，我听说并阅读了几种关于如何最好地捍卫人文学科的论见。罗列如下：人文学科有其内在价值(intrinsic value)；人文学科无用，这就是其价值；公共知识分子体现了人文学科之于公共生活的价值；人文学科提供了几种技能的发展，这些技能关乎经济活力；人文学科提供了某些读写技能，身为公民不可或缺；最后，人文学科可以为那些遵循当代价值标准的价值提供批判性的视角，而人文学科自身正被这种价值标准削弱或毁灭。

我有些同事宣称，必须承认人文学科，因其具有“内在价值”。当然，问题在于，其他人并不承认这种内在价值——就此，
27 必须阐明内在价值。如果它必须被阐明，就必须使用那些人所承认的语言和词汇，方能使他们信服此价值。而这种语言，越来越不能承认，或是很难承认人文学科的价值，因为这种语言所承认的那些价值是依附于这种语言的，它们掩饰或无视人文学科价值的湮没。

与捍卫内在价值一脉相承的立场是：人文学科是无用的，而且应当捍卫这种无用。对有些人而言，人文学科自身就立基于对工具性的批判，它们形成制度性的场所，来批判实用性、功能主义，而对工具性的批判性更是普遍。譬如西奥多·阿多诺就此谈到诗歌：“当抒情诗与社会不谐，当它独来独往时，它揭示了其自身是深深植根于社会的。”[29]对阿多诺而言，独来独往乃是拒绝社会交流的构架，而这种构架是对社会的认可，因此，在拒绝交流时，抒情诗表现出其最具“批判性”的潜质。对卡夫卡而言，交流的丧失至少是双重的：它的丧失使人哀悼，同时，它使人遗忘生活与死亡问题的能力令人恐惧，听来如同道德警钟。

而其他论见则指向公共知识分子的理念或实例，或在文学作品中发现我们应尽力仿效的道德楷模或良好公民。在我眼中，思考人文学科和公共领域时，我们需要超越公共知识分子的观念，更开阔地来反思公共领域中的人文学科。[30]对典范性公共知识分子的展示可能已不合时宜——尽管某些管理者和项目官员渴望资助“领袖”项目，使典范人物可以脱颖而出，用奖金来购置研究设备或向经济拮据的学生提供岗位补助。

另一种看法是，我们必须提升学生的技能，因为分析表明，这十分有益于经济生活，或者更具体地说，对于公共生活或公民身份不可或缺。如果我们生产或灌输技能，那么我们可以显示技能是如何得以使用和实施的，这使我们依附于实用性。人文科学强有力的捍卫者采取了此立场的某种版本。例如，杰弗里·哈芬（Geoffrey Harpham）[*]写道：“我们不能止于强调‘为知识而知识’，也不能坚称服从功利性的判断就是在玷辱博雅教育。”[31]这似乎意味着我们必须使我们的工作适用于工具性的当代衡量指标，或 28
者我们必须寻找某种途径，使我们的工作与这些特定的价值指标可以相互通约。无论如何，我们不能再继续将我们的职业视作一种纯粹的天职。

---

* 杰弗里·哈芬（1946— ），美国学者，著有《人文学科与美国梦》（*Humanities and the Dream of America*, 2012）、《批评的角色》（*The Character of Criticism*, 2006）等。——译者注

我同意，内在价值或无用是不够的（尽管我承认，这两者都颇能打动我的心弦）。然而，我们不得不问：如果人文学科要给公共生活制造新意，是否意味着我们必须说它们是有益于社会福祉的工具？工具性是否就是我们谈论它有所影响的唯一方式？实际上，我们面对着新的衡量系统和评价标准，其中有一些却令某些一辈子投身人文学科的人迷失了方向。有趣的是，依照这些新的指标，并不是所有"产生影响"的途径都能产生可计量的影响力。英国有个同行提出召开一次会议，以从该国的艺术与人文研究委员会中筹得资金，用来研究目前欧洲国家中君主政体的诸种含义。这项提议被驳回了，理由是它没有阐明"影响力"。当她质询什么是这种会议所需的"影响力"时，审批者说，所有这类会议都必须展示其研究结果可以运用于当前政策；实际上，他们的网站明确声称这个"影响力"指"卓越的研究给社会和经济带来可论证的贡献"，并附言可以通过论证其生成的知识能够如何"转化"给学界之外的个人和群体，来评估这一"贡献"。她的反应是，指出这次会议将有助于推动君主制的倒台，但她潜在的资助者并不动心，于是项目没有通过。而其他的结果能满足他们的要求吗？荒谬的是，对她来说，在这种情境下声称具有影响力将立即为她招致其他形式的批评，比如说，学术被意识形态的目的扭曲，尤其是往往与人文学科相连的英美左翼人士的意识形态——我得说，没有理由这么做。

当然，我想说，也确实在说，人文学科事关重大。但一旦我们这样说，我们就不得不展示我们所说的重大是什么意思，于是我们就陷入了既艰难又无价值的分歧。如果我们采取哈芬的观点，说我们必须以工具性来衡量价值，那就是将前述的那种衡量体系接纳为最有意义、最恰当的。但是我认为他所阐述的是，我们总 29
体上不能避开对工具性的思考。困境是：我们很可能认为，我们必须遵循这些要求本身所包含的标准，以提供令人满意的回答，来获得我们所需的资助，不论它们来自内部分配、投资收益、政府拨款、私人捐助者慷慨出资，还是来自针对公立研究机构的政府财政预算。如果我们过于服从——也就是，彻底服从——我们就是在冒着弃置人文学科首要职责的风险，此职责即批判性地思考衡量模式和评估方案，以揭示哪些是正当的，哪些是真正适合其评价对象的，哪些是由学界引进和维护并在人文学科中传授的。这一批判性思考的过程包括仔细阅读各种公共文件——它们正决定着我们的命运——并在我们阅读的同时践行一种特有的评价。正如我希望指出的，批判性评价的践行也在人文学科和公共生活之间建立了一种重要的联结。

我们还可以称此为价值的关键问题。如果有彼此竞争的衡量价值或评估方式——其中有些观点明确提出，价值无法被衡量，或者至少不是所有种类的价值都可以被衡量——那么，我们如何着手判定这种局面？在压力之下，人文学科不得不论证自己的价值，在其所处的历史境况中，有争议的价值评估方案被用来承载人文学科。我们可以只是遵循那些看上去最能盈利的方案，它让我们有能力资助人文学科，直到事实表明我们并没有在做我们申请资助时声称要做的事。“我们正在为人文学科提供资金！人文学科要败落了。”但即便我们决定这么做，说这是唯一可走的路，我们也是在迫使人文学科服从于误识甚至消解它们的模型，于是我们不得不问，我们实际上资助了什么，为此付出了怎样的代价，它如何关涉我们想要保护和激活的那些理想。

做出批判性的判断需要对价值问题进行研究，价值成为问题，恰在于价值是多元的并且并不总是互补的。第二，批判的形式意味着寻找途径去鉴别不同的评价方案，也就是，询问哪些方案最适于人文学科，以及我们怎样才能有说服力地去论证。当实
30 用性、影响力、技能建设、增收等观念成为评价的主导模式时，某种行政的、财务的——或者更广泛地说，新自由主义的——模式就会随之获得统治权。而仍有一群关心的教育者追问，这些方案最终是否胜任其责，人文学科能否在这些方案的框架之内成功地给出一条自足的理由。在这种情况下，人会变成现实主义者，认为我们别无选择：我们必须在它们的框架内进行论述。或者，人会变成纯化论者，认为我们决不能在它们的框架内进行论述。但不论我们走哪条路，我们仍有知识的问题待解决，它需要获得关注和保卫，亦即，要去询问这些价值的价值，它们是否全面，它们

有益于什么，它们阻挡了什么，它们建立了何种世界，又摧毁了何种世界。

批判的话题如何使我们面对这一问题：人文学科怎样连接公共生活，更确切地说，人文学科如何关联公民权，或广而言之，如何关联民主参与的形式？公民权，如果其含义对于我们的目标而言是有价值的，那么它必定描述了一整套实践，有公民身份和无公民身份的人都会行使它。因此公民权必得属于那些未被法律赋予合法公民身份的人。公民权因而是公共论题，这意味着公民权的既有约定不能等同于公共领域。实际上，在公共领域中，无公民身份的人感到危险，或者其权益得不到任何公民法规的保障。无公民身份的人在公共领域中退隐，昭示了以公民权责来界定公共的局限性。

我们可以从公民权的某些特权开始，来进入更宏阔的问题。我们有理由怀疑，缺乏受教育的公众，民主是否还有可能，并且要问，行使民主需要何种形式的教育。似乎需要强调，正如温迪·布朗（Wendy Brown）所见，义务教育和可负担的高等教育对穷人和劳动阶层而言变得遥不可及，新的阶级分层出现了，因而有钱人不仅得到了更多的教育，还获得了进入声名显赫的机构的渠道和更大的向上流动的机会，从而保障了他们已有的上升轨道。[32]这无疑是一种“工具性”的论见，促使那些无力承担教育的人获得更多教育机会，而另一种论见在这方面则颇为含蓄。布

31 朗指出，公民们必须审视如何最好地建立一个共同的世界，这要求他们反思自己的成长过程，尤其是反思让他们获得今日地位和视野的政治因素。他们还需要能够共同商议如何最好地组织他们的世界，而这意味着共同思考去何处找寻或制造理想，如何最好地评估它们，如何制造一个世界来认识这些理想，或使它们作为可能性存活下来。丹纳·维拉（Dana Villa）[*]在其《苏格拉底式公民身份》（*Socratic Citizenship*）一书中表达了相似的观点，涉笔阿伦特和苏格拉底时，他指出，只有通过共同反思这个世界，我们才得以作为人际网络中的个人去实施评判。[33]

正如你所见，这门小型研讨课，或阅读、写作和辩论的生动场景，在某些方面关联着公民身份的实践，它往往是一个冲突的过程，需要不同形式的阐释和商议，以及一些理想的提出。但这也可以是一种阐释的实践，带领我们对整个政权说“不”，拒绝它，反驳它，要求用一种新的方式来整饬这个世界。然而，当我们想到阅读有时使我们洞察到某种政权的必然局限，尤其是当我们看到它带来损害却拒绝为之哀悼时，与公民身份的类比便不能成立。这也许暗示了公共参与的消解，它超越了公民身份的现存形式，甚至号召将其再造。当我们到了这一步，或者当我们捍卫那些对政权是否应该存续的质疑时，我们就是在践行一种评判

* 丹纳·维拉，美国圣母大学教授，阿伦特思想研究专家，著有《阿伦特与海德格尔》《苏格拉底式公民身份》《公共自由》，编有《剑桥阿伦特指南》。——译者注

形式,它恰不能被这种政权自身摆平。这种估量,不仅是一种破坏——因为某物不义或者它产生了道义上难以容忍的灾难性后果——而是既有破坏又有建设;因此,我们可以说,它同时给革命和批判提供了前提。

问题不仅在于反思使我们今日世界成为可能的那段历史,也不仅在于反思那些预制和认可了我们当今评估体系的种种形式,而是要共同思考我们用什么构造了它,以及我们想用什么来构造它。比如,我们面对一场论辩,必须展现人文学科能够具有更广泛的影响力,或者人文学科可以盈利,然后我们被要求在两者之间做出选择,这显然是一个迟疑、抗拒、提供另一个视角的时刻。我们在社会和政治层面受到束缚,因为“拯救”人文学科的迫切性常把我们推入紧急状态,我们于是设想自己唯一的前途就是被这些价值评估系统所庇护,而这些系统却最需要批判性的重 32
估。吊诡的是,我们的这种批判性重估的能力却无法为日益施加于人文学科的那些指标体系所衡量。这意味着,我们需要用来拯救人文学科的资源恰是这些许诺只要我们遵守就能拯救人文学科的指标所摒弃的。因此我们也许必须从湮没的威胁中恢复某些评价方式,使人看到现在这些指标体系视野所不及的地方。这些指标体系是丢三落四的,抑或是推倒抹平的,它们导致湮没,始作俑者呈现为价值的最终仲裁者,这意味着我们必须捍卫的价值已经丧失。这不意味着我们变得保守,竭力恢复旧时光;而是意味着我们必须移步于新方法，借助新话语，带着某些不那么单纯的东西，去激活那些能够指导、维护我们事业的理想。

在此可以看到，决定哀悼或是在无力的愤慨中起身并拒绝温和地走进那黑暗的夜，是多么容易。可是，有没有一种政治可以抗争湮没的力量？让我以一个例子作结，希望它能以不那么隐晦的方式来表达我的观点。但如果隐晦有时是那些自明之物的必要矫正，那么就由它吧。

我被要求帮着设计一份计划书，为某研究机构申请资助，反讽的是，这或许涉及价值问题。该项目的一位审批官员告知，我得展示“可交付品”。我问，这真的是个词吗？她回复道，它肯定是，并向我展示了出自“投资概览”（*Investopedia*）网站的界定。[34] 其界定如下：

> 可交付品：“项目管理术语，用来表示一个项目完成后可提供的能计量化的物品或服务。可交付品可以是项目进程中有形的或无形的部分，往往是这个项目指定的功能或特性。”

网站还有进一步的解释：

> 可交付品是一个通称，它涵括了对一个项目的要求。

> 可交付品可以是可用于项目更大的规划的物品。例如，某项目旨在升级一家公司的技术，那么可交付品可以是十二台新电脑。此外，可交付品也可以是整个项目的一个功能或一个侧面。例如，某软件工程的可交付品可以规定为此 33
> 电脑程序必须能计算公司的应收款项。

实际上，摆在我面前的问题并没有区分可交付品的单数和复数形式。它仅是“你计划的可交付品是什么?”当我端详这个词时，首先想到一件可交付品肯定不同于交货，或者不同于那些可以被送达的东西，比如一个包裹或一件礼物、一个吻、一次法庭传唤，或者一记耳光。可交付品看起来是个名词形式，它力图在交付所特有的可能性中造出一个实物来。换言之，这个概念似乎指涉可以被寄到、适于被传递的东西。对我而言，它瞬间带来了神学和符号学之类的问题，而我还能联想到爱意与贿赂的情境，它们也以可传递性为核心。例如，这个问题显然可以是关于上帝的言语已被传递，能被传递，正待传递。这个问题还关乎人类的交流：有没有可能寄一封信，它会被寄达，且其寄达意味着这封信会抵达目的地并被接收或阅读?（这是卡夫卡小说《一道圣旨》中的疑问。）传递一封信或传递上帝的话语，似乎都取决于有效的交流方式，亦即寄出之物和寄达之物在这里被证明是相同的，或者，至少寄出之物可以通过传送、科技、运输或翻译等一整套手段变为寄达之物。

令我感兴趣的是，“投资概览”网站阐明了可交付品分为有形和无形两种形式。我极期待它所谓的无形可交付品。但当它给出了这两者的例子时，有形的似是“新电脑”，而无形的似是“能计算公司的应收款项”。这一句在力图解释可交付品时以“应收”一词结尾，在此我作为一个文学读者的注意力开始跃动。当我们谈论账目时确实会谈到“应收”，某种意义上，“应收”受到了“可交付”的暗示。如果我们不交付，我们就收不到。但即便是这个公式，也不能很好地捕捉其趣，因为这个概念更在意什么是能交付的，什么是能收到的，而不是交付的是什么。这些是一个项目进程的潜能，而它们被赋予了名词的形式。

对此，我们中的某些人会有一种奇怪的共鸣。比如，当我读完卡夫卡，提出一个问题，诸如“在战争时代，谁的生活是可哀恸
34 的(grievable)，谁的生活是可辨认的(recognizable)？”编辑往往会回头找我，建议我只问谁的生活值得哀恸(worthy of grief)，谁的生活是可以被认清的(can be recognized)。我略有迟疑，因为我想把关注点放到被那个简单公式遗失的特质上。我想说，有时人们似乎天生具有某种价值，亦即他们的人生被视为有价值的，他们在那种目光之下呈现出某种形式和意义，为保护和阐扬他们的生活投入了巨大的努力。而另一些人的生命被视为用之可弃，或是被剥夺了价值的，以致当他们陷于危难、受到损害或被遗

弃时，他们呈现为一种社会本体，部分地由那种眼光所构造。因此，他们不引起忧虑；他们潜在的损失丝毫不被哀悼。从未存在过的某人被消除了，因此什么也没发生。“可哀恸的”假定了一个将来条件句，着眼于未来；实际上，当下要具有价值，成为“可哀恸的”是前提条件：如果发生战争或灾难，有些群体会被指定为值得获得哀恸，而另一些人却不能。作为一种推测乃至虚构的方式，那个名词化的形容词力图以道德的眼光来看待当下思想的潜在缺失。我想，那个词所暗含的当下感，颇类似于某些乌托邦小说所构拟的未来视角，由此投射对当前社会存在的种种不平和不公的批判。对恩斯特·布洛赫（Ernst Bloch）所谓的“希望的原理”（principle of hope）而言，这也是必需的。[35]

我的意思是，当一个特定的、被认为“可哀恸的”人群失去时，他们会被哀悼，因此他们当前就承载着那种特质；相反，“不可哀恸的”被打上烙印，永不会被哀悼，因为它们的存在从来不被认可。那么，必须为可交付品做些什么呢？我何时打算交付？这篇文章最终属于可交付品吗？我们也许要求可交付品：它是否也支撑着对未来的关联，如果是，那么是何种类型的关联？如果某物是个可交付品，它不必真的传达出对那种特质的支撑。它只需要是可交出的一个物体、一项功能或一个项目的方面，满足一些特定条件。实际上，在项目审批的背景下，可交付品只有在项目获得资助然后被执行的条件下才能变得可传达。

如果“应收”属于一个账目的世界,那么可交付品就属于一个期待“应收”的更高一层的世界。它们是构成一个工程或项目的诸种层面,而我们无法自然地对这一框架提出一些问题:谁交付,他们交付什么,如果有人接收,那么谁接收?什么是不可交付的,或什么是被这一程序判定为不可交付的?换言之,谁是受损
35 者,丧失了什么?

这些概念包含着一种未来性的,甚至超越性的功能,也许我们可以将它们理解为一种形式上难以捕捉的循环往复,带有神学和符号学的轨辙和残留,它们所属的领域恰不能再拘于术语本身去辨认。因为可交付品是项目所敞开的可能性,是一种安排和调整时间的方式,约束着未来。但毕竟,可交付品关涉交付的总体状况,因此它超越了所有个别的交付、个别的包裹,以及个别账户通过交付而收到的个别资助。也许可交付品因而是柏拉图主义的遗留和残余;也许,它是被执意激活的超越之轨迹,是一种新的自明性,单单用一个词就承载和浓缩了人文学科在形式上的不可译性,通过一种非常糟糕的诗性,在伤害之上又添侮辱。它扑熄了所有这些疑问:可以收到什么,或应该收到什么?谁挺身来接收,谁挺身来失去?何以解决分配正义(distributive justice)问题?它搁置了这些问题:它先行占据了什么价值?它将什么价值设定为新的自明之物?

也许这个奇怪的缩合名词发出了特异的灵光,它属于我们

这个时代，开启了一种未来，与这种未来紧密相连的话语意在湮没最有价值的一些问题。可交付品一词，大概是要取代和抹去它所要评测的那些价值的历史。借此，我们也许可以总结，可交付品产生了“不可哀恸的”，将失落者的轨迹吞噬和易名，于是我们不会再继续思考“街上有死尸”，或更广泛的问题——我们承受了什么，它是否公平，还有什么新的生活形式是我们尚未创造的。

因此，如果我们回到开头的疑问，人文学科的从业者如何免于沦为被毁灭之物，现在我们有了一条略为不同的路径。我们发现自己在价值评估体系的话语中安居又流离，而它们却并不能很好地测量我们的所作所为，而只是垄断价值的领地，以此威胁我们，称它们可将我们所做的一切付诸湮没。那些自身话语有湮没之虞的人能做什么？他们可以重新加入论争，在那个变得自明或自证的语言，与那个已经出现并仍将再现的巨大损失之间，打通一个空间。道德关联在这一裂隙中降临，它不仅涉及过去和将来，当新价值体系的价值仍有待估量时，它还涉及“不敢相信”和
惊异的可能性。这意味着我们在缝隙中行使批判，将隐晦重新加 36
入自明之物，以此强调我们之间剩下的这些东西仍有可能遗失，但也有可能保持并重焕生机。由此，我们作用于一个可以传声的空间，摆出我们的问题，使其能被听到：现在我们的价值观有什
么价值？ 37

第一部分

阅读伦理学存在吗?

诗歌、伤害与阅读伦理学

伊莱恩·斯凯瑞

何谓文学的道德力量？它能消减伤害的举动吗？如果能，文学在哪些方面不负此望？

所有这些问题，首先取决于另一问题：有什么能消减伤害？在《人性中的善良天使》(*The Better Angels of Our Nature*)一书中，史蒂芬·平克(Steven Pinker)*指出，过去的五千多年里，暴力的诸多形式已经偃旗息鼓。[1]在这一历史长河中，他挑出来尤加审视的是17世纪下半叶到18世纪上半叶这一百年，百年间一系列暴行——处决女巫、囚禁债务人、虐待动物、虐待人类、判死刑、奴役同胞——突然废止了，尽管并未灭绝。

为了解释“日常情感的彻底变化”如何导向“对苦难的感同身受”，以及人道主义革命中出现的保护性法律，平克主张，法律改革是人们识文断字的能力日益提升的产物。书籍销量的惊人

* 史蒂芬·平克(1954—)，加拿大—美国实验心理学家、认知心理学家。——译者注

增长立即带动了改革（例如，在英格兰，17世纪每十年出版的书籍不到500种，18世纪每十年出版物却已达到2 000种，而在19世纪这一数字则是7 000[2]），催生改革的还有上升幅度同样惊人的
41 识字率，至17世纪末大多数英国人都具备了读写能力，进入18世纪末的法国人也是如此，丹麦人、芬兰人、德国人、冰岛人、苏格兰人、瑞典人、瑞士人到19世纪末也大多能掌握文字了。[3]

平克挑出了一种特别的阅读形式和一种特别的书籍，即小说——尽管我们看到，诗歌的出现远远早于小说，其特质对于文学减轻伤害的能力也是至关重要的。平克巧妙地引用了历史学家林·亨特的著述，令人信服地描绘了畅销书对人们的影响，如理查逊的帕梅拉和卢梭的朱丽，使我们以想象的方式进入了其他人的生活，包括那些没有社会权力的人：女人、仆人和儿童。[4]平克给出了一幅人类精神生活在识字革命前后的对比画面："乡村和家族的狭窄世界，仅靠五官感知便触手可及，所获信息单凭一个内容提供者——教会，让位于五花八门的人群、地方、文化和观念。"[5]

如果我们假设（基于极不完备的证据）文学确实有助于消减伤害——不仅在人道主义革命期间，也在其他时代发挥作用——那么，文学的哪些属性可以对此做出解释？我们旋即想到三个方面：它能移情，它倚重商榷性的思维，它有美感。

因为移情对文学而言如此重要，它被捍卫、怀疑、斥责和赞美了无数次。尽管它还值得被验证无数次，我在此却不赘述，

只是提请注意：通过“移情”，亨特和平克——在我看来是对的——不是指文学能够使我们同情某个虚构之物（诚然，文学当如此），而是指文学能够锻炼和强化我们的认知，令我们认识到世界上还有其他的观念，并使这种认知成为一种强有力的精神习惯。如果在足够多的人群中产生了这种认知，那么就会出台法律反对伤害他人，此后它所传达的禁令会成为独立自主的，可脱离感性而存在。[6]文学说：“想象帕梅拉，她免于被伤害的权利对你来说会是不言而喻的。”法律说：“我们不关心你有没有想象力；不论你能不能想象帕梅拉，你都不得伤害她。”

小说可以唤起读者的移情能力，其来有自。它预示于文学得以抵挡伤害的第二个属性：诗歌本然具有对商榷的追求。 42

诗歌创作与商榷的关联——与辩论中的“正方”（pro）和“反方”（con）——正在于最初描述的缪斯歌唱时的情景，出自荷马《伊利亚特》第一卷的结尾。托马斯·霍布斯对商榷具有浓厚兴趣，他在1676年的译本中，这么翻译众神的宴饮：“他们整天宴饮，直到日落时分。他们食仙馔，饮蜜酒。阿波罗弹琴，缪斯们以歌声交替相和。”*缪斯们交替发出的声音在亚历山大·蒲柏的译本中是听得见的，更早的约翰·奥格尔比（John Ogilby）的译本亦如此。[7]奥格尔比对这几行注释道：“缪斯们在彼此应答的过程

---

* 霍布斯原译为“And all the day from morning unto night/Ambrosia they eat, and nectar drink./Apollo played, and alternately/The Muses to him sung”。——译者注

中歌唱……宛如赞美诗；[荷马所用的希腊语]构成了一种演说，使正方和反方就此各抒己见。”[8]然后，他引用维吉尔的《牧歌集》（*Eclogue*），“缪斯们一直喜欢交替错落的诗行，”又提及赫西俄德的《神谱》，“缪斯开唱这首歌，缪斯结束这首歌。”荷马为缪斯们制定的这种论辩结构，昭示于每一个英文译本中，除了乔治·查普曼（George Chapman）的。塞缪尔·巴特勒写道：“缪斯们高扬她们甜美的声音，彼此召唤应和”；*在里士满·拉铁摩尔的版本中，我们可以读到“缪斯们歌唱时轮流发出甜美的声音”；**而罗伯特·菲格尔斯（Robert Fagels）的版本则是“缪斯们歌唱/一串串声音汇聚为合唱”。[9]

阿喀琉斯与阿伽门农之间的争论点燃了《伊利亚特》这部史诗，而我们倾向于将这种争论与史诗或戏剧相关联，比如公元前5世纪时希腊的戏剧竞赛。但很多其他类型的诗歌也嵌入了这种争论的结构，我们从“颂歌”（anthem）一词便可见——它源自“对唱曲”（antiphone）或“对诗”（verse response）——其意经翻译即浮出水面。一首颂歌或赞美诗，保留着争论的声音，这提醒我们，诗歌总与商榷相伴。

诗歌的多种风格使我们直面商榷这一行为。牧歌是一种关

---

* 巴特勒原译为“The Muses lifted up their sweet voices, calling and answering to one another”。——译者注

** 拉铁摩尔原译为“antiphonal sweet sound of the Muses singing”。——译者注

于选择的对话诗，比如在维吉尔的第三首和第七首《牧歌》中，一位法官就不得不在两个牧羊人之间做出裁决。“牧歌”一词源自“eklegein”，意为“去选择”。[10]另一个例子则正如乌尔班·霍尔姆斯（Urban Holmes）在其《普林斯顿诗歌与诗学百科全书》（*Princeton Encyclopedia of Poetry and Poetics*）中所论，在论争诗（tenzone）[*]中，两位诗人“交替对句”展开辩论。[11]论争诗后来采取了其他形式，诸如“partimen”或“jeuparti”[**]，其间“一位诗人编织两种场景”。诗人先捍卫其中一种立场，其第二个分身继而捍卫另一种立场，每人吟出三节诗。[12]马克·穆萨（Mark Musa）在翻译但丁的《新生》时解释道：“意大利吟游诗人发明了（论争诗的）商籁体，它仍是一种辩争的模式，由‘提议’（proposta）来 43
提问，再请另一位诗人以‘回应’（risposta）[***]来回答（使用相同的韵律）。”[13]

在论争诗里，两段商籁诗分明各据其位展开辩争，每一商籁诗的内部同样也有心智的颉颃，由一组八行诗（octave）和一组六行诗（sestet）构成的彼特拉克诗体尤其如此。而转折（volta），或所谓“思想的变换”，在彼特拉克诗体中是最突出的重音，它在斯

---

* “tenzone”是意大利语，有“斗争”之意，此处指中世纪吟游诗人之间的吟诗比赛，在法语和英语中写为“tenson”。——译者注

** “partimen”和“jeuparti”均是中世纪欧洲方言诗歌的抒情体裁，吟游诗人之间以此赋诗竞赛，但辩论展开的范围比“tenzone”要狭小。——译者注

*** “proposta”和“risposta”在意大利语、西班牙语、葡萄牙语等罗曼语族中分别意为“提问、建议”和“回应、答复”。——译者注

宾塞体和莎士比亚体十四行诗中亦是清晰可辨。[14]

霍尔姆斯的关注点不仅在于上述列举的这些诗体，他还留意那些蕴含竞赛结构的其他诗歌形式，比如“拉乌达”(lauda)*，它需要“回应式的参与”，也就是对话，田园恋歌(pastourelle)亦如此，诗中的贵族或骑士企图引诱牧羊女，牧羊女或其身边的牧羊人却往往以智取胜。[15]

诗意的整合性和论辩性突显于诸多中古英语诗的标题中：《众鸟之会》《魔鬼的议会》《三个年龄的议会》《诗人与鸟的对话》《杜鹃与夜莺》《画眉与夜莺》《猫头鹰与夜莺》《教士与夜莺》《花与叶》《紫罗兰与玫瑰的争论》《冬青与常春藤》《木匠工具的辩论》《聚敛者与挥霍者》**《年长与青春之辩》《死与生》，最后，同样重要的还有《身体与蠕虫的争论》。

从8世纪加洛林时代的诗《冬与春的辩论》开始，很多语言中都有中世纪辩论诗。20世纪早期中古英语学者约翰·埃德温·威尔斯(John Edwin Wells)指出，各种版本的“肉体与灵魂的辩论”最初于1150年至1175年间出现在英语中，“今在拉丁语、希腊语、法语、普罗旺斯语、德语、荷兰语、西班牙语、意大利语、丹

---

* 拉乌达(lauda)是一种从宗教赞美诗演化而来的诗歌，13世纪初流行于意大利中部。它采取短剧形式，由两名或数名歌手扮演《圣经》故事中的人物，有独唱、对唱或重唱。——译者注

**《聚敛者与挥霍者》(*Wynnere and Wastoure*)是一首中古英语诗歌。它既是一首辩论诗，也是一首梦幻诗。大概创作于1352—1353年，作者不详，据其使用方言推断，应来自英国中西部地区。——译者注

麦语和英语中均可见”。[16]

东方传统也有类似产物。苏美尔、阿卡德、亚述和巴比伦的诗歌常使用下述类型的标题:《夏与冬》《鸟与鱼》《树与芦苇》《银与皮革》[17]《铜与皮革》《母羊与小麦》《牧人与农人》《犁与锄头》。[18]赫曼·范斯特波(Herman Vanstiphout)在论述《工具与玩具同时》等古代近东辩论诗时提出,在这些诗歌的中心有一个严肃的教义:“一切硬币都有两面。”[19]后来许多同类型的英语诗分享了这一教义。托马斯·L. 里德(Thomas L. Reed)表明,尽管很多盎格鲁–撒克逊和中古英语诗都明显自居“正确”的立场,以此扭转那个错误的想法,但在其他语言的同类诗歌中,论辩双方是平等的,最后也不作评判。[20] 44

里德揭示出,除了所有这些将论辩昭示于标题的诗外,很多重要的英文著作含有论辩:《贝奥武甫》中有“对打”和正规的“吟诗对骂”(flyting);[21]《农夫皮尔斯》* 中有任性不羁和“神秘莫测”的小径;《高文爵士与绿衣骑士》中,有关于绿与金、冬与春、基督教与骑士精神、青春与年岁、罪孽与仁慈、失礼与叛变之关系的辩论。[22]《坎特伯雷故事集》也是如此,商人、学者、巴斯妇和自由农民讲的故事凸显了“婚姻之辩”;地方长官、磨坊主、教会法

---

* 教诲诗《农夫皮尔斯》(*Piers Plowman*)据说是威廉·兰格伦(William Langland)所作。这是一部14世纪晚期的头韵体长诗,用中世纪梦幻故事的形式写成,通过描绘梦中的景象来展现中世纪英国社会各方面的生活图景,以寓言故事惩恶扬善。——译者注

庭的差人、游乞僧之间有“吟诗对骂”；而故事讲述者之间的所有“叙述竞赛”都要接受哈里·贝利(Harry Bailly)的评判。[23]

在其所处的时代，这些诗歌有助于催生出着迷于辩论的新型民间机构。托马斯·里德和霍华德·布洛赫(Howard Bloch)显示了12至15世纪诗性辩论的“空前蓬勃”与三类机构的同时成长具有密切关联：大学，辩论在此以逻辑和辩证的形式开展，在自由之艺中占据主导地位；[24]法庭及其附属的律师学院，法律案件和法学问题在此以“怀疑与提问”“模拟法庭”“筛查”的环节展开辩论；[25]议会，人们在此集结并点名表决。[26]

于是，平克和亨特将识字能力、出版和小说视为法律改革的始作俑者(或至少是协助)，它们共同形成了18世纪的人道主义革命，因此由荷马肇始的诗歌论争结构有益于滋养12到15世纪的三大论争竞技场，而它们存在的目标是消减伤害——至少议会和法庭是如此。[27]

缪斯之间、阿喀琉斯与阿伽门农、索福克勒斯与欧里庇得斯、两位牧羊人之间、犁与锄头、玫瑰与紫罗兰、猫头鹰与夜莺，其种种辩争与我们在阅读《克拉丽莎》、《摩尔·弗兰德斯》或《爱玛》时所体验的移情共鸣有何关系？实际上，辩争中的要点，与移情极其类似。它们的共同之处不仅在于识别一个观点的多重指向、一枚硬币的两面，还在于它们提供了练习的机会，因而深化和加强了这种识别。

更重要的是，移情式的叙述都要求人们换位思考，去思索自己所持观点的对立面。在一场辩争中，一方的观点也许以其真理和真实撼动我们；另一方则被我们视作非真理，因而是反事实的（counterfactual）；但我们都要关注。如果我们设想一首论争诗变 45
成一部小说，那么事实的一方就会消逝，我们仅能面对反事实的一方。易言之，在一首论争诗中，你已经相信的那一方（比如，玫瑰这一边）可被理解为只是一个叙述由头，从而引出你不相信的那一方（紫罗兰这一方）。而到了小说时代，不再需要借助玫瑰的切实存在来将你诱导到紫罗兰的故事里。从头到尾提供给我们的只是反事实的那一方。

文学得以消减伤害的第三个属性是其美感。在这种情况下，读者自己就可以是受益者；读者自己免于被伤害，因为——至少沃尔特·佩特（Walter Pater）如是观之——阅读拓展了她的生命。佩特察觉到，我们固然不能改变生命的长度，但我们可以“在既定的时间里获得尽可能多的脉动”，由此有效地拓展生命。根据佩特的观点，美丽的艺术品和诗歌无疑将带来“活跃的、成倍的体会”，因而将200年（甚至2000年）的感知折叠进常人的有生之年里，如佩特所举的55岁。[28]

尽管阅读伦理学必然包括读者自己的获益，但我们此处的关注点在另一方面，它往往不为人知，即人们受益于某人的阅读。美感至少从三个方面对此有所助益。[29]

首先，美的事物（无论诗歌、数学方程式，还是面孔）有其属性——比如对称、朝气蓬勃、统合——要想在正义的王国中获致同样的属性则困难得多。比如，随手可以举出诗的格律具有对称性，数百年来它为司法领域中的对称性提供了灵感和指导——无论是约翰·罗尔斯说正义即公平，要求“人与人之间的关系保持对称”，还是柏拉图期望罪行与惩罚之间应有对称（至今遥不可及），抑或休谟所谓期待与满足之间的对称。

其次，美打断了我们自己的思维，给予我们一个突如其来的松缓。艾瑞斯·梅铎（Iris Murdoch）说，我们在美的事物面前体验到“吾丧我”（unselfing）；骤然不再“一味关注自我”，不再只操心一己之利。西蒙娜·韦伊指出这一现象，称之为“激进的去中心化”（radical decentering）。我称此为一种“麻醉的邻接”（opiated adjacency），这个词很笨拙，但它提醒我们，生活中有许多东西使我们获得迅疾的愉悦感（如鸦片般令人陶醉），生活中有
46 许多东西使我们感到置身事外，但几乎没有东西——除了美——可以同时兼具这两点。愉悦急切地涌起，而自己却在边缘观望，这迈出了致力于公正美好的第一步。[30]

与美接触，还有另一效应。狄奥提玛（Diotima）告诉苏格拉底，苏格拉底告诉柏拉图，而柏拉图告诉我们，当面对美的人或事物时，会产生一种想要将孩子带到这个世界上来的欲望。狄奥提玛说，与美接触，还会涌起创作诗歌、法律著述、哲学作品的欲望。

维特根斯坦等现代哲学家亦表达了同一观点。再次意识到，我们自己的创造能力是实现公正的先决条件：美可以是自然的，也可以是人为的，而公正往往是人为的；它常需要人们付出巨大的努力才能实现。因此唤醒我们关注自身创造力的所有事物，就是剔除不对等和伤害的第一步。

文学也许能消减真实世界的伤害，而文学的三个属性——移情、辩争、美——对此或许有所助益。

假设我们可以毫不犹豫地确认这些命题一目了然的真确性。接下来的问题将是，文学是在弥散的、大众的领域中发挥上述益处，还是通过强烈个人化、私人相授的方式增进其善果？换言之，是否需要有人来积极培育文学的疗愈力？

由上述种种，明显可见道德行为的转变需要广大读者群的巨变。这意味着，如我们久已所知，人文学科的主要工作是确保书籍进入每一波学生手中并被带回到大众当中。不过，教师和读者大概还应做到更多。我们应更留意于厘清哪一系列事物对真实世界的伤害负有责任，文学的这三项属性意味着怎样的使命。因为感性即便不经指示或悉心的介入亦会发生变化，那么更少的神秘感、更多的明澈将使人们更容易找到属于他们的道路。

最终，当感性的变化因广泛传播、广泛分享而发挥作用时，它无疑将有助于将那些孤独读者所带来的改变提示给新的读者。显然，那些如饥似渴地热爱阅读的单个读者，时不时地以一己之力对消减伤害做出了卓越的贡献。法学专家伯纳黛特·梅勒(Bernadette Meyler)即已令人信服地指出,丹尼尔·笛福,英国
47 小说的开启者,亦开启了宪法必须书写成文的观念。[31]小说《朱莉》——我们从这部畅销小说开始——是由《社会契约论》的作者卢梭所写。霍布斯,其《利维坦》的中心意旨是"使我们从痛苦的战争状态中解脱出来",他频频精读《伊利亚特》,因而足以将其全部16 000行诗译成英文,并也熟读《奥德赛》且译出全诗。如果借助J. R. 迈迪克特(J. R. Maddicott)的《英国议会的起源:924—1327》(*The Origins of the English Parliament: 924—1327*)一书,我们着眼的就不再是议会在12世纪至14世纪的勃兴,而是该制度的起源,进入我们视野的是"光荣者"埃塞尔斯坦(Æthelstan),于10世纪初在位的第一位英格兰国王。他将以前政权曾偶一为之的临时专设咨询顾问转变为正式的、定时集结的,由他们来见证和批准宪章与法律。[32]埃塞尔斯坦以其藏书、学识、宫廷上涌现的诗歌(很可能包括"*De arte metrica*"*,即以韵文写成的诗论)而著称于世。尽管未成定论,但有证据表明,《贝奥武甫》就是作于他的交游圈中。[33]"在其统治期,大量诗歌存留下来,"传记作家萨拉·富特(Sarah Foot)写道,"说明诗歌朗诵

* "英国史学之父"比德(Bede Venerabilis,约673—735)留下一本诗歌音步手册《诗歌音韵艺术》(*De arte metrica*),面向任教堂助祭的同行,约完成于公元691年或692年到公元702年或703年之间。——译者注

在他的宫廷中可能是夜间闲娱活动的一部分。”[34]

一个人私下和公开的承诺——对爱侣、对国家、对某种观念——无论有多忠贞不渝，我们的内在依然会有发生转变的可能性。正是我们内在的这个部分——那个恰似一纳米厚的丝织物的，可被翻转的领域——是文学言说的对象。这一内在的丝织物使我们善变而开放，但它绝不威胁我们的承诺，而是令我们再次积极地将每一天投入到我们始终愿意为之奉献的人和事上。它还使我们向新的承诺敞开。文学的所有体裁都向我们的这一部分言说：这便是为何反戏剧的阵营如此惧怕戏剧；为何在阅读《安东尼与克里奥帕特拉》或《呼啸山庄》时我们无法预测自己最终会认同哪一位角色。

然而，文学不只是向这反事实的织物，这个人们思想和精神中如蜂巢般繁密柔软之处言说。事实是，文学，千百年来的文学，创造了它，至少是在我们已经老得足以成为“完全”之人时，使这片柔软之处得以完好无损。[35] 48

阅读伦理学

查尔斯·拉莫尔

“阅读伦理学”意味着什么并不是一目了然的。这个词凭借希利斯·米勒（J. Hillis Miller）的影响而日益广泛流行于当代文学批评界。[1]它表明阅读行为可以促生具有道德意涵的问题。而它为何应该如此，似乎令文学评论家们在写作时疑惑不解，他们祈求此词能褪去些许晦涩。且思量“伦理”（ethics）这一概念本身。在哲学传统中，作为一门学科的伦理学涉及两个相异却又相关的问题：我们为了活得更好应该如何去生活，我们应该如何对待他人或者其他的生物？近来，这个概念被更具体地用以指涉第一个问题，相对而言，第二个问题则通常被划分到“道德”（morality）的范畴。那么阅读以何种途径在上述某一方面构成了伦理现象呢？当然，如果我们阅读好书，会过上更丰裕的生活，阅读多种多样的材料（比如从新闻到《圣经》）时，这种体验不胜枚举，认真阅读它们，可以让我们更深刻地理解如何在行事中为他
49 人着想。但我相信，所谓“阅读伦理学”有着更为根本的考量，亦

即,作为读者的我们与读物——书,或广义的文本——之间的关系具有伦理意味。它何以为之?这是我要探寻的问题,尽管我的回答会截然不同于诸多文学评论家的倾向。

在我们作为读者与文本的关系中,最基本的事实是此关系不对称。我们可以阅读文本,而文本却不能阅读我们。我知道,文学评论家有时谈论“被文本阅读”,但这是一个隐喻用法,指我们在文本的挑战下反思自己心中的成见,这种体验唯有沉浸于对文本的阅读方能获得。阅读是一项行为,由一个代理人来发起和执行,而文本自身并非代理人:文本只有被阅读、被我们阅读,才可以向我们发声。既然阅读关系在本质上是不对称的,既然它不是一种人与人之间的关系,而是人与某物,亦即,人与文本之间的关系,那么这如何能成为一种关系,也就是说,它如何具有伦理的性质?

你或许觉得,我漏掉了读者与读物关系中另一个同样重要的本质:尽管我们阅读的文本并不是另一个人,却是某个人所写,体现了他或她的思想和感觉。我认为这个观点是正确的,甚至无疑是至关重要的。如果一个文本在构思上不是用以表达其作者的发现,那么这项阅读实践就其本质而言便不具有伦理意义。我们也许会想到,阅读可丰富读者的生命,也可指导他们如何更好地对待他人,在此意义上我们可以谈论阅读的伦理重要性,也就是说,它带来有益的结果。但是,可能有一种“阅读伦理学”视阅读行为本身为伦理时刻，其前提在于，读者与文本的关系终究是读者与另一个人的关系。无论如何，我暂不厘清“作者意旨”（author’s intention，稍后就会提到）这一概念中的问题，以聚焦于阅读关系中那些更为突出的方面，即它将我们与他人相连，而这种关系仅仅是间接的。在阅读行为中，作者不在，仅有文本。于是这一事实——作者的缺席——构成了阅读行为所具伦理性的特别之处。

就此而言，由于作者的缺席，阅读引起了一种特别的伦理问题，柏拉图在其对话录《斐德罗篇》的结尾谈论写作时，对此有匆匆一瞥。我说一“瞥”，是因为柏拉图那段文字主要关心的是写作的风险而非阅读的责任，尽管两者有所关联，尽管柏拉图
50 笔下的苏格拉底就此而发的论点之一奠定了“阅读伦理学”的根本意义。苏格拉底说，文本的麻烦在于，它“到处流散”，既传到能读懂它的读者手里，也传到看不懂它的人手里，它天生无力为自己辩护，只能一任自己遭受这般曲解的虐待：“当它被冤枉（*plemmeloumenos*），被不公地攻击（*ouk en dikei*），它常需要它父亲的支持，它无力为自己辩护，也无力保卫自己。”（275e）“它父亲”当然指的是该文本的作者，柏拉图认为，文本自身与作者不同，它无法纠正读者的误解，读者会不公正地对待它，因为他们听不到它在说什么，或者他们根据自己的意图而扭曲它。

那么，关键是要区分柏拉图观点的两个部分：（1）文本不能

反驳和抗议那些强加于其意义之上的阐释;(2)作者,如果他或她在场,可以其权威纠正那些错误的阐释。我们不需要接受第二部分——事实上,我们不应该接受它,因为它不是真的(我会对此详涉几笔)——这样才能认清第一部分对“阅读伦理学”这一概念是何等重要。必然导致这一结论的,是阅读关系在本质上具有不对称性,正如我在前面强调的。当人们受委屈时,他们在原则上(如果他们没有在此过程中被杀掉)是可以反抗这些苛待的。相比之下,文本无法反抗其所遭受的虐待,亦即,它们被轻慢、不经心或故意地误读。如我已经指出的,这一事实意味着阅读关系具有特殊的伦理意义。

不管怎样,阅读行为在根本上包含伦理属性,如我亦已提出的,仅当身为读者的我们与文本的关系最终是——如果不是直接地——我们与他人的关系时,才构成阅读伦理学。文本必须被理解为作者意旨的表达。此外,如果误读文本包括无法掌握文本自身在言说什么——那么,误读还另外意味着什么,如果它有所意味的话?——从这一意义而言,文本说了什么,必须由作者的意图来界定。既然我已经否定了作者是文本意义的权威阐释者,我就需要论述作者意图这个概念是如何构成的。[2]

这一概念的不可或缺,至少在某些意义上是无可争议的;不幸的是,在文学和解释学家当中,并非如此。文本不能书写自己。它们是作者所写,并且是作者出于某种意图或一系列意图而写。 51

如果我们不曾认为文本是作者意图的表达，我们将没有思考的基底，便不能像现在这样——为了理解某个疑难文段的含义，如果它不是其作者的唯一著述，我们首先会转而求助于同一个文本的其他段落或同一位作者的其他作品。我们认为它们是直接相关的，因为我们假定它们和这个有疑问的文段一样，产生于同一意旨，亦即，给定作者的意志。

而“作者意图”这个词可以有诸多不同的意味。在它的某些含义中——作者打算说什么，当他创作文本时他对自己说过什么，他后来就其创作目的谈过什么——作者意图无须符合文本的含义。与柏拉图相反，作者（尽管往往是利益相关的评论者）不是文本内容的权威阐释者。这是因为文本的含义在于其自身的言说，不在于作者就此说了什么。但进而言之，作者的意图——亦即，作者在创作文本的过程中或多或少自觉地意识到的意图——必被算作文本自身言说或意味的决定性因素。再次申明，如果有可能误解文本，那么必然意味着这个文本实际上确有所言，而文本既然不能自我书写，它们所言说的则只能是作者在书写它们的过程中所产生的意旨。

无疑，我们不是单从语篇的意义上来阅读书籍。我们不仅仅着眼于，甚至也不是主要着眼于判断某书的作者试图说什么，而是力求探寻这本书之于我们的意义。比如，我们也许更想了解它如何参与了一场大型的文化运动，或者如何绘制了对其他作品的影响。更普遍的是，我们会想要发现它对我们的兴趣和志业有何建议。如果它是一个法律文本（法规、司法见解或宪法条款），我们会想要探知它如何适用于某个个案或社会问题。无论如何，所有这些努力都需要我们首先把握文本自身的内容或意味，形成一个观念。我们还能从其他方面去估量它在这种种路径中的相关性吗？如我已指出的，作者的意图所揭示的含义，由文本自身也能读出。文本在这一层面上的含义，不同于它的意义（significance）——对读者自身的关涉，此差异是必不可少的（尽管我认为，描述此差异时难以避免谬误，如E. D. 赫施所论）。[3]诚然，作者意图的一部分通常就是作品得以对读者产生关键意义的所在；但意图的和实际的意义显然是两个相当不同的东西。我 52
知道许多文学理论家不理会"作者意图"甚至文本的语篇意义。可如果没有这些概念，我们就不大可能从阅读过程的基本特征中看出误读的可能性和相关的洞察力。

"作者意图"这一概念既已阐明，我再回到阅读伦理学。我的论点是，只有当阅读关系本然具有伦理属性时，阅读伦理学方能存在。如前所论，它终究关系到另一个人，亦即作者。然而，我也已指出，阅读关系的伦理性质尤为特殊，因为它仅在文本的形式上将我们关联到那个人，文本不像人，它无法反抗可能施加于它的虐待，也就是误读。实际上，即使当我们阅读时，作者在场并反对我们对其著述的错误阐释，他对文本意涵的阐释也未必就是正确的，而我们的阐释则未必错误。无人可以对文本做出权威判定，文本也不能捍卫自己。

那么，因为文本和作者之间的差别——文本自身不是人，它的内容和寓意也不由作者占有——你也许会问，阅读关系是否确实是一种伦理关系，是否有一种东西可以号称阅读伦理学。误读文本是委屈了作者吗？我认为是的，尤其当误读并不只是出自疏忽大意，而是出自漫不经心或刻意的扭曲时。且以某些行为为例，它们也可算是一种文本。设想有人认为某人的行为并无深意，于是他看不出别人这个姿势是在给予一份慷慨的提议，或者他只能按自己的喜好来大相径庭地描绘别人的提议，比如，有意逢迎讨好。无疑，我们会认为他误解了别人，尽管此刻被误解的对象是别人的行为（被轻率或不忠实地释读），尽管行为本身既非人（因此不能为自己辩驳），也不是其行使者的私有物，因为行使者对其行为背后真实意图的声明并不具有权威性。行使者被误解，因为他在上述行动中的所为被忽视或刻意篡改。我相信，这类似于作者和文本。

文本在一个重要的方面区别于行为。行使者往往临近他们的行为，因此当他们的行为被错误地描绘时，或当他们相信自己被误解时，他们可以反驳。而文本却不能，正如柏拉图所说，它们
53 “到处流散”，它们的作者不在周遭，或者，在它们被误读时也许没有任何人会施以援手。书写一个文本，在写作中表达自己，人

因此尤其容易遭受他人的攻击。在这一事实上,阅读伦理学呈现出终极的重要性:它凸显了伦理视角的本质。道德通常在于,我们从他人的利益出发来决定自己的行动,而弃置对一己之利的考虑。于是,我们的伦理属性尽显于我们如何对待那些易受攻击之物,因为它们无法通过迎合我们而获善待。虽然我在此不会离题地说,一位糟糕的读者不能成为一个好人,但惯于漫不经心或故意操纵的读者恐怕就是如此。

我以卡尔·克劳斯(Karl Kraus)与此相似的洞察作结,这位奥地利讽刺作家和道德家对语言的所有形式都持有敬意。他说,一种"心智的训练将最高程度的责任感托付于那个独一无二的东西,它被歪曲却泰然不怒,那就是语言,它从人类其他各种利益出发,与众不同地传授敬意"。[4] 54

回应与讨论

奎迈·安东尼·阿皮亚

伊莱恩·斯凯瑞和查尔斯·拉莫尔的文章令人振奋，极具启发性，他们各以其路径，解析了阅读伦理学这一观念。我来依次对他们多说几句，然后概述我自己那篇报告的开头。

我想，拉莫尔正是从这一问题开始：我们知道我们对他人负有责任，而我们对其意涵也有所思考。但说到对文本的责任，似乎是一种拟人论（anthropomorphism）。哲学家们认可拟人论，但在此，我们想要找到一种如所有数字那般可以按照字面指向去理解的真理。为了找到某种我们可以实实在在对之负起责任的东西，他提出，我们不得不从这种想法开始："尽管文本……并不是另一个人，它却是某个人所写，体现了他或她的思想和感觉。"他继而提出，我们作为读者的责任感恰是我们对作者的责任感。

我恐怕不能同意。而且我想勾勒出我这份异议的基础，因为我认为有些重要话题危如累卵，当然，我的方式无疑更加抽象和粗略。 55

拉莫尔说："如果有可能误解文本，那么必然意味着这个文本实际上确有所言，而文本既然不能自我书写，它们所言说的则只能是作者在书写它们的过程中所产生的意旨。"

我认为这里有两个问题。首先，在我看来，文本所言说的，仅仅是文学阅读的开端，因此只追寻它在言说什么就不属于最佳解释。其次，开启文学阅读过程的那个东西——我同意，的确是文本的言说——归属于其言辞，超离于其作者对它们的抱负。要厘清某人写了什么，不是厘清她的意图，而是厘清她书写时所带有的意图如何与语言习惯（linguistic conventions）产生关联。两者的一致只发生于极简的写实非虚构作品中。

无论如何，当文学阅读始于文本的言说，而文本的言说与作者的实际意图几无关系时，文本的文学趣味便基本上不在于它的内容，而是它所产生的诸多其他方面，其中只有一些与内容直接相关。为了理解这些其他的效应，我们既需要理解超乎语言的习惯——叙事惯例、韵律规则，凡此种种——还要找到述及这些效应的东西。读过爱德华·利尔（Edward Lear）*的五行打油

* 爱德华·利尔（1812—1888），英国风景画家，亦是一位幽默作家，以其荒唐诗，尤其五行打油诗著称。——译者注

诗(limerick)后,有人或许受到启发,以其体式写出诗作。它大概如下:

有位日本来的青年吟游诗人
他写的五行打油诗从来看不完。
问他为啥这样,
他说,“这是因为
我总是想方设法把词往最后一行塞”。

要展开解释,需涉及五行打油诗的一些用韵习惯;习惯能发挥作用,在于诗打破了它们,不管这是否出于作者的意图。而在这个例子中,一个真正的诗人竟然不知道这些惯例,这是一个极其特异的假设,因为诗的笑点正取决于此。但我想说的是,我们在此并不需要一条独立的通往作者意图的途径,因此其实际的意图无关紧要。

实际上,据我所知,这首五行打油诗,如同许多其他的著名五行打油诗,来自佚名作者。我们对作者一无所知。一开始接近
56 这诗篇,就关切一个我们所知(以及关心)甚少者的目标,会是很奇怪的,对这种路径而言也是无效的。

拉莫尔主张,我们对文本负责就是对其作者负责,敷衍粗疏的阅读会歪曲甚而伤害作者。也许确是如此,尽管这些伤害

并不引起很多实际的痛苦。但一种敷衍的阅读，无意于语言和文学的习俗惯例，迫使阅读不仅背叛作者，更背叛了它们所有的习俗惯例。这是否属于一种上升到道德危害的背叛——也就是，我们是否不该做这件事，因为会亏欠他人——我不敢肯定。

而这是一种错误：这是对“阅读”这一概念的背叛。这个概念是我们的概念，是我们作为批评家、学者和读者这个群体所拥有的名词。犯这个错，对我而言，就是你背叛了我们。在我们的文化中，文学生活是一种集体创造物，产生于参与者对习俗惯例的一致遵从（但如同上述那首打油诗所示，偶尔也会叛变）。叛变需要有一种可探查的目的——可以说，是它们身上看得见的目的——如果它们算是贡献。（当然，制造一个可探查的叛变，方法之一就是公之于众。）没有惯例性响应（conventional responses）和进取性叛变（motivated defections）带来的贡献，我们就不会有文学的文化。

我对斯凯瑞的文章可谓心有戚戚。我同意她的发现，文学阅读这种形式有可能以其批评着意于消减伤害。我也倾向于认为，激发移情和慎思是其道德成就的核心。我还同意她将此二者连接起来。它们的共同之处不仅在于认知，还在于有机会实践（因而深化和强化）这一认知，即认定多重视角的存在，每一枚硬币都有两面。

应该说,我同意这些主张是因为我读了她的文章,而非我此前就有此领会;因此我因为这篇文章及其观点而感激她。她还强调了文学之美在道德成就中所扮演的角色;唯有这一想法对我来说不陌生,因为我早先已获知于她。

假如要对阅读伦理学给出积极的评价,我会这样开始:阅读有标准,从我们所阅读的文本发展而来,但又独立于文本。它们不全是道德标准;亦即,不是简单地应用广义的,解答我们应该
57 如何对待他人、人的生活怎样变得更好的道德标准。但如斯凯瑞所示,文学及其阅读可通过某些途径,解决关乎此意的深刻的伦理问题,促进伦理事项。

作为读者,我们遵循文学的惯例习俗,就像作家遵循诗歌格律或情节定式,是阅读作为一种实践得以运转的前提。在某种意义上,我们除了阅读还可以对文本做其他的事;但要将一种文本的阅读提供给他人,就要投入这一进展中的实践。这个实践的要点不是外在于它的,而且如我所说,它们是发展的。但正如所有的艺术实践,只有当作为创造者和观者的人们决心保持一种永不间断的对话时,阅读才会繁荣发展。正是这种承诺,在我看来,首先将伦理赋予了阅读:它产生了对他人的义务,正如我们所参与的一切使人获益的人类活动。这便是我为什么说,误读可算作一种背叛。

乔纳森·卡勒

是否存在一种阅读伦理学？似乎有几种答案。将阅读伦理学这一话题推到前台的韦恩·布斯（Wayne Booth）认为，以伦理学引导读者决定读什么是一个问题。“若要以终身的计划来建设一个有道德的读者应有的特质，”他问道，“应该禁止或拥抱这个世界上的哪些叙事？”[1] 如果只是为了检验每一种假定的美德，读者应该拥抱哪些模式，具体而言，读者如何在排他/净化（通过拒绝杂质而有道德地行动）的传统与拥抱一切人类的传统之间斡旋？对布斯而言，问题在于要做出怎样的选择才能促成最佳的伦理训练。

这便关联到伊莱恩·斯凯瑞那篇所涉甚广的论文的一个方面，即她强调文学阅读具有鼓舞移情和公正的伦理效应，但两者不是同一个问题。假如斯凯瑞对阅读之伦理效应的看法无误，那会很妙；也许它无误，但我想起了普鲁斯特《追忆似水年华》中的弗朗索瓦丝，当怀孕的厨娘承受着最骇人的痛苦时，她被打发去取一本有关这些病痛的书，许久后她被发现一边读着症状描述一边痛哭流涕，喊着，“哦，圣母啊，上帝会不会令所有卑小的人类都遭受这一切？”但当她回到厨娘的身旁，普鲁斯特写道：“看见那些受苦受难的人，书上那些使她感动而流泪的描述，她无可奉 58

献，唯有发出不耐烦的牢骚，掺杂着尖酸的讽刺。”[2]

我聚焦阅读伦理学——希利斯·米勒和德里克·阿特里奇提出的这一概念，要代之以更新近的问题，如查尔斯·拉莫尔所论：我们自己的阅读，所包含的与文本的伦理关系，达到了何种程度？拉莫尔主张，如果存在一种面向文本的伦理关系，那么它必基于一种面向作者其人的关系，但我不太信服。

一种合理的阅读活动，包含着对文本真理的努力揭示。在《正确而行：语言、文学和伦理学》（*Getting It Right: Language, Literature, and Ethics*）这本本该得到更广泛阅读的书中，杰弗里·哈芬（他因为一个伦理选择而不能出席此会——他女儿结婚）所写的不是关于阅读伦理学，而是关于他所谓的“分析的伦理学”（The Ethics of Analysis）。这有力地描述了强劲的阅读在各种领域和语境中的发生过程。在此，阅读伦理学绝不追求消减痛苦。毋宁说，它是有效分析文本真理所需的一种吊诡之物。“分析者的任务，”哈芬带着一些反讽的距离感写道，“是要攻克被编码的、间接的、隐喻性的、零碎的或闭塞的言说方式，并生产出一种在某些方面表现得比初版更加真实确凿，同时仍然忠实于初版的版本。”亦即，分析者主张揭示文本中真正发生了什么。然而，哈芬继续说：

> 如果要求第二个文本首先得再现原初的文本，那么分

> 析者必须承受一种压抑的行为，他的自满、他的自主因而被打压并得接受文本的指令，服从于原初文本的实际内容，因此在文本的驱使下发声。[3]

这是一个复杂的过程，当某人展露了原初文本的确切内容，这人又执行了一种暴力行为，迫使它依附于后来的解读，虽然后来的版本揭示了原初的真理；但同时，在这种结构中，人使自己受制于这种解读方式的框架和要求，为了正确地释读文本而搁置自己的欲望和成见。这一过程不涉及对作者的尊敬（既然有人表示作者不能真正掌握他或她自己文本的真理），而是一种特殊的阅读伦理学，它谨守尽力揭示文本真理这一承诺。但这仅是多种阅读模式中的一种。 59

在有些情形中，要读者以符合伦理的方式去对待一位作者，似乎是正确的——拉莫尔的模式就是最好的例子。譬如，写书评时，读完整本书才符合专业水准，要力图从作者的视角来理解，在批评之前要描述其论点或图景，而批评不能是歪曲或篡改。伦理的考量在此出现，对我而言，这无关任何阅读的特性，而是因为（1）你是在为一群人而谈论这本书，并且（2）你这么做是出于一种语境，即人们指望你有所报告。如果你选择以争鸣的方式来评述一本已出版多时、早有评论的书，特别是当其中多有争议，那么便无须掌握作者的视角或忠诚相待。你的伦理义务，此时应面向你自己的读者：当你认为作者有错谬时，不要隐瞒读者。在我看来，当文本出自一个已经过世的作者之手时，我们对其作者更不必负有伦理义务。希求公正地看待马克思或弗洛伊德，恰当地对待他们，不是作为一种通向目的之途径，而是作为目的本身，这完全可以接受，但这是唯一可行的做法；仅将马克思或弗洛伊德的文本用作论据或引来添彩，以更直接地界定自己的观点，也同样正当。再一次，我要说伦理义务是面向你自己的读者，而非一位已故的作者。

当你不是写书评或公开谈论某本书，而仅是阅读时，我看不出其中有什么阅读伦理学。这不是因为我否认文本是其作者意图的表达。声称一个人对作品负有伦理义务，是因为在我看来，说它是某人观点的表达，以稀释的方式贬低了人与人之间的伦理关系这一概念。要说我对图书馆里的所有书籍都负有某种义务，如同我对我的邻居，便是在说我对他人所负的伦理义务与此并无任何不同。忽视正在对你说话的那个人或许是不对的，完全无视那个试图向你传达消息的人多少是不道德的；但是跳过一本书中的数页或整个章节，看看有什么可以吸引你，这根本没有错。将某些动机和预设加诸一位朋友，不给他或她回应的机会，这或许不对，但将某些动机和预设加诸一个我们正在阅读的文本，却是分析的重要模式。

读小说时，读者与文本之间的理想关系也许确实模拟了人

与人之间的伦理关系，它力求充分进入作品所想象的世界，若没 60
有足够依据，不轻易怀疑作者，等等，但这只是阅读可能具有的多种模式之一。我们的阅读大多不同于此；我们寻求与我们的兴趣点相关的东西，寻求可以刺激我们的观念或信息。我们阅读的节奏，不是为了对作者公正而亦步亦趋，而是遵照我们自己的喜好。当它看起来很重要时，我们仔细阅读，反之则匆匆浏览或仓促略过。这没有什么错。作者将他们的文本放入这个世界，将有未知的读者来读——这就是著作权的一种赌博。你的文本所遇到的读者或许会鄙视你的作品和你本人，或者弃之若敝屣，同样也会有人悉心阅读或虚心相待。作者们不能指望每一位读者都细致勤勉。

因此我想挑战阅读伦理学这一观念，在我看来，它是文学批评家的设计，以使他们的活动看上去更有道德性，一度有许多文学批评被指责为虚无主义，甚至更糟。我明白，艺术作品有其独一无二性，这使它有几分像人，但其中令人振奋的一个差异在于，我们可以按意愿对这件作品做些什么，而且无碍于它。我们必须对人尊敬；我们不能创造性地将他们模塑成其他的样子。但我们可以对作品这样做。我们能选择性地引用；我们可以戏仿或改造。有人不认同哈罗德·布鲁姆说文学史就是一部强力误读的历史，一部后来的作者力图在俄狄浦斯式弑父娶母之战中屠杀强大前辈的历史，但一味虔诚地看待前人留下的文本却几乎不会产生什么成就。让–弗朗索瓦·利奥塔在《争论》(*Le différend*)中甚至将读者形容为“作品的施虐者”,他们挟持作品,让它展示其意味。[4]

因此,我不认同以伦理方式对待作品这一理想。韦恩·布斯在希利斯·米勒和德里克·阿特里奇之前就开创了这一思路,他指出了理解与定向(overstanding)之间的差异,在我看来十分重要。理解涉及我们通常认为的伦理阅读:力图从作品自身的语境出发去理解作品,在其中体会作者的构思和意图。理解是提问,并找到文本所坚守的答案。“从前有三只小猪……”这要求我们问“因此发生了什么”,而非“为什么是三只”或“它背后实存的历史语境是什么”(这两者皆是定向的例子)。在理解与定向之间,布斯选择前者,但他认识到,提出令作者始料未及的问题将
61 会卓有建设性。为了阐明定向,他这样写道:

> 你这看上去童稚的三只小猪和恶狼的故事,有什么要说的?关于保护你、回应你的文化?关于那个创造了你的作者或乡人的无意识之梦?关于叙事悬念的历史?关于浅色人种与深色人种的关系?关于大人物和小人物、毛发旺盛与秃头、瘦与胖?关于人类历史的三元模式?关于三位一体?关于怠惰与勤勉、家庭结构、民居建筑、日用饮食、正义与复仇的准则?关于为了创造共情而操控叙事视角的

历史？一晚又一晚读你或听你，对孩子有好处吗？当我们已经建成了理想的社会主义国家时，像你这样的故事会不会——或应不应该——被允许？那个烟囱隐含了怎样的性意味——或者，在这个从未提及性的严格意义上的男性世界里，有怎样的性意味？所有的暴怒和浮夸又是怎样呢？[5]

这些都是好问题，尽管它们可能会被指责是在人为肢解文本。如果阅读的伦理涉及努力把握作者已经实现的意图，那么这些问题不能指引方向。追问文本隐藏或压制了什么，意味着阅读不像我们以伦理对待他人那样，而是重在批判性的反思。

我想以吉尔伯特·基思·切斯特顿（G. K. Chesterton）的话来作结，他写道："文学批评要么完全无用（一个完全可辩解的命题），要么批评中所充斥的对作者的言说足以令作者从靴子里跳出来。"[6]

德里克·阿特里奇

阅读查尔斯·拉莫尔的文章时，我有意识地力求理解他究竟想要说什么。当然，要做到这一点，我唯有结合学术论文的通例，紧密关注此文词语和句法组织的意涵。但我阅读时一直设想这个文本体现了一个清晰的意图。我警醒于语调的微妙，尤其是任何一种反讽，它要求调整句子字面上的意义（尽管实际上反讽看上去是阙如的）。确实，我的小心翼翼源于，我认识到我最终要在世故精明的读者面前解释我的阅读，但这种审慎背
62 后的重要动力还在于，作为哲学文本的阅读者，应有责任感。责任感终究导向文本的作者，作者在生产一份文字作品时有脑力劳动，此一事实唤醒了这种责任感；潦草阅读或固执己见将怠慢这种劳动，对作者不公平。那么，这便是一个阅读伦理学的例子。

这个例子与拉莫尔的观点完全吻合，就此我毫不否认它能运用于诸如此类的文本。当我试图将这一观点用于一个文学文本（或者毋宁说，一个文学**作品**，理由我稍后再说），便生出了疑难。在拉莫尔议论之初，他断言，作为一个“绝对的关键点”，“尽管我们所阅读的文本并不是另一个人，它却是某个人所写，**体现了他或她的思想和感觉**”（我加的重点）。这一论述虽然也许适用于卢克莱修或伊拉斯莫斯·达尔文（Erasmus Darwin）*这样的文学家兼科学家，却完全不适用于大多数诗人、小说家或剧作家的创作过程。但让我们假设，拉莫尔这个句子的真正含义（我认识到，在甄别词语本义与作者的“真正意思”时，我正在将一道阴影投射于我最初的同意之上）是它由某个人所写，用以体现他或

* 伊拉斯谟斯·达尔文（1731—1802），英国医学家、诗人、发明家、植物学家与生理学家，早期提出类似演化观念的学者之一，为查尔斯·罗伯特·达尔文的祖父。——译者注

她的思想、感觉、想象、直觉、希望，以及创作文学作品时涌入的其他种种经验。这番重读之后，我有可能同意拉莫尔，即便在文学中，“阅读行为在根本上包含着伦理属性，……仅当身为读者的我们与文本的关系最终是——如果不是直接地——我们与他人的关系时，才构成阅读伦理学”。

或者，我应该说，如果我们另做修改，也许会达成一致：“他人”当然应该是“另一个人或一群人”。如果我阅读一出中世纪神秘剧，我明白其中的词句是成形于许多人之手，可能历经无数代人；如果我阅读罗伯特·洛威尔（Robert Lowell）对拉辛《费德尔》（*Phèdre*）的英译，我既享受到原法文版的精巧，也欣赏出英文版的气势。（如果我目睹了其中某一部剧的演出，当然，我还得考虑演员们、舞台设计、导演的创造力，也许还包括各种创作者，这一点我后面再说。）当我们所着手的是文学，“意图”开始越来越不像一个有用的词——沾染了文学理论辩争的墨汁，没有什么能再令我们惊讶。

无论如何，拉莫尔所描述的意图不太像寻常词义中的意图——我带着责任感阅读他的文本，我有义务去探明他是如何使 63
用这个词的。我们所设想的文本“背后”的意图，或许可被验证为与作者自己所声称的意图背道而驰，呈现出相当不同的东西：意图在他的论文中并不是指文本背后的东西，而是与文本协同扩展的东西。因而“误读”被界定为“掌握不了文本自身在言说什么”(我们会在一时间注意到文本已变成中介);我们被告知“文本说什么,取决于文本自身”;意图这一概念,便十分受制于作者意图的认定,即不得超出“他在创作此文本时所认识到的意图”。这令人困惑,似乎拉莫尔是在普遍的意义上谈论文本(也许完全无关文学文本),然而,将作者意图等同于“文本自身”而非作者要说什么,并不是我们对待平常文本的方式。如果一位记者写了一篇报道,看似在诋毁某公众人物,记者可以完美地解释说,“我不曾故意诋毁某某”;他或她可能撒谎——报道也许的确是诽谤——但即便是良善的意图,仍不能等同于“文本说了什么”。

而在文学文本的情形里,理解意图更具意义。这意味着,对一部文学作品的伦理性阅读,是指人们悉心而虚心地关切词语的意涵,并严守人所共享的语言知识、恰当的通行惯例、用法的历史等等。由此产生的问题,使我宁愿弃置“意图”和“文本”这些词,而称之为“作者的作品”,这个词组恰切地结合了劳动创造和人工制品的含义。要展现这种途径的转换,方法之一是,不关注文学语言与语言的各种日常用法有何共通之处——这似是拉莫尔的方法——而是关注文学作品与各种艺术作品有何共通之处。一幅绘画的观赏者,一段音乐的听众,亦是伦理的中介,他们对作品的创作者或创作者们(在音乐的例子中,还包括对演奏者或演奏者们)负有责任。这些作品“说”了什么——这个词现在的问题就小多了——或它们意味着什么,不太会造成语言内部的转变，但文学作品的意思也同样抵抗着语言习惯。不能因为文学作品以语言为载体，就认为它的含义纯是语言学上的。如果我们将艺术作品视为一桩**事件**，而非一套待破解的符码，将读者的反应视为一种**体验**，而非一种意义的承载，我们就不大会跌入陷阱。64
而聚焦于读者的体验，便有可能从“作者”这一概念——往往容易被等同于有血有肉的个人——转移到我曾界定过的“被创之物”（authoredness）：设想我们所读到的词句源于某个历史性的创作机构，其确切的属性（个人、个人组成的序列，团体；知名不知名）无关紧要，但它的真实存在却是无可置疑的。

论及文学，我则不能接受拉莫尔的主张，即文本所言说的“只能是作者在书写它们的过程中所产生的意旨”。我不是在谈文学作品的意义（意思和意义之间的区别是否站得住脚，我对此有疑问）；我谈的是意思，尽管它必然产生于情节处理、隐喻、韵律、措辞等多方面。意思也不可剥离于语境：当我转向作者的其他文段以厘清阅读思路时，我要搜寻的不是意图，正如拉莫尔所言，而是依惯例通过上下文语境来判断文意。一位作者毕生的作品，就像单件艺术品或某一特定的时期的艺术，构成了这样一种可用的语境。

但我要强调，我亦认同拉莫尔所说，如果阅读——至少是文学作品的阅读——事关道德，这是因为读者不仅对所读的文句（在我眼中这是个可疑的概念）负有责任，对该艺术作品的创作者

（或创作者们）亦是如此。如果我们可以设想，处于险境的是文学作品，我则非常赞同拉莫尔所说，“书写一个文本，在写作中表达自己，人因此尤其容易遭受他人的攻击”，他继而提出，我们如何对待易受攻击之物，尤能展露我们的道德属性。此处不无反响，它显然是无心的（凡常意义上的无心），来自最严苛的伦理学家之一伊曼努尔·列维纳斯。在列维纳斯看来，伦理内在于对他人的责任感——而他称他人为“典型”（par excellence），用《圣经》的话说就是“寡妇、孤儿和寄居的人”。尽管列维纳斯既不会乐于站在拉莫尔这边，也不会以我的立场去延展责任感这个概念，使之也涵盖读者对作者难以企及或压根未知的那些文学作品所做出的反应，他的作品——也许其文学性不亚于哲学性——却具
65 有巨大的力量，可被视为阅读伦理学。

与拉莫尔不同，伊莱恩·斯凯瑞尤为强调文学阅读的事项。无论如何，她提出的问题中唯有第三个密切关涉我正在讨论的话题。前两个问题在本质上是经验主义的，其证据难以获取，也难以接近。声称文学可以有效地为道德行为带来大规模的改进，纯是后设（post hoc）之论。即便可以表明其中有关联，也很难甄别文学以怎样的特殊属性来担负此任。移情、辩论和美，既非文学特有，亦非文学中不可或缺之物。就其具有的重大道德意涵而言，可以相似地或更有力地举出文学阅读的其他诸多特性，譬如小心谨慎、心态开放和放飞想象。

斯凯瑞的第三个问题不是经验性的，而是本然具有伦理性：读者或教师应该积极行动，去培育并灌注文学的道德力量吗？在此她与我所见略同：读者们和文学教师们确实负有道德责任，但我不太会将此形容为“厘清哪一系列事物对真实世界的伤害负有责任”或提醒人注意“孤独读者所带来的改变”，而是宁愿将此责任视作一种义务，它公平看待文学作品的创新性和奇异性，对作者或作者群的成就亦然。要具备这样的同情心和责任感，读者应开明地看待变化，这种特质被斯凯瑞精彩地比喻为丝织品的内质——这个比喻，在我看来，是她文章最有力的时刻。

讨论环节1：阅读伦理学

邓肯·莱特：伊莱恩·斯凯瑞，您给出了文学作为道德工程、以共鸣来拓展情思的绝好例子。那么您是否也认为，阅读能帮我们理解和认识社会与文化中的操控？

伊莱恩·斯凯瑞：首先，我从不认为在文学阅读者和言行守德者之间存在单一的对应关系。普鲁斯特作品所给出的弗朗索瓦丝这个例子，在普希金、托尔斯泰和詹姆斯的作品中亦有对位——比如，某个人物为歌剧而哭泣，对剧院台阶上冻僵的马
车夫却无动于衷。我更倾向于渐变，从整个人群来看，一个人若 66

具备反观事实和同情之理解的能力，则更敏感于语言的误用和操控。

理查德·森尼特：您区分了作品中的移情（empathy）和同情（sympathy）？我认为同情是对他人产生认同感——亚当·斯密的道德情操论——并将自己置于他人的位置。而移情是关注某个你无法认同的人，这种模式比认同更新奇。移情在伦理上的力量更为强大。它以同情所不能的方式创造了一个公共领域，因为我们尊重陌生人，关切某个我们也许不太喜欢、理解或了解的人。不知我这个区分是否对您有用？

斯凯瑞：这个区分可能有用；我曾听其他人做此区分，而我从未敏感到能感知这种区分中的利害。我所谈论的阅读中的一个重要事项是自我消除（self-erasure），搁置自我。我可以看到，德里克·阿特里奇所提出的想象性的自由及关切等观点，与此紧密相关。

马乔里·库里·伍兹：作为中世纪和古典文学的研究者，我很感激您在讨论中引入了许多相关时期的文本。我还研究男子移情的传统，以及他们在某种程度上对狄多这类女性角色的同情。在身份认同和社会行动之间看似没有直接的联系。苏珊娜·基恩（Suzanne Keen）曾论述过，直接社会行动（direct social action）的缺乏源于移情或同情。[1]但我认为，如果我们将此仅系于社会行动和课堂之外所发生的事物，我们会无视这样一个事实，即这些练习有助于创造力和文学识见。最后，如果这类同情式的阅读在我们的文学中早已产生，它似乎没有迅速地改变我们的伦理道德。

斯凯瑞：是的，我并非读了书便走出门去关怀人类。它是随时间而渐变的。我也许完全弄错了这种因果关联，但我着实相信情况就是如此。不仅在中世纪文本中，我们在古希腊亦能见到，在泛雅典娜节的庆典中——诵诗活动——促生了学园、集会和陪审团。柏拉图引用荷马多达150次——我认为他对荷马史诗谙熟于心。 67

至于移情，它既被赞美亦被斥责。移情往往在文学研究的学科之外更受赞美，而我想两种观点都应被听取。我对于外界的声音格外关注，因为当你身处学科内部，你永远不会走出它的框架来看待中心问题。你在学科的框架之内，而外面的人们不断跨越框架。当你与学科之外的普通读者谈话——我是说认真的、聪明的读者——则他们的阅读常常首先是为了行使同情或追求感同身受。这种实践并未远去（尽管它有时也遭到合理的批判），因为我想它是阅读的一个基本特质。

艾利卡·基斯：我这个问题要请教查尔斯·拉莫尔。您有关作品如何表达其意图的这个模型，在我看来，实际描述的更像是宣教或宣传家的文本，而非文学，因为您假定作品拥有强大的动因或目的（purpose）。在艺术作品中不太有这种目的的表达；作品之目的性（purposiveness）更多是被暗示的。这种艺术表达的语义学策略，并不是说读者有义务去理解作者所表达的意图。这种语义学策略更像赌博，在你暗示之处，它未必会被以一种特定的、事先确定的方式理解。它允许文学阐释中有一种宣教中不允许的自由。

查尔斯·拉莫尔：我想，人们处理文学文本之阐释，首先应该理解通常意义上的文本阐释是什么。我认为，懂得如何阐释人类的活动对此有所助益。当我们力图阐释他人的行动时，我们是在力图厘清那个人意图干什么。我们不需要去假定，她是否完全或甚至仅在某种程度上意识到她自己想要干什么。她对自己意图的宣示，无疑堪为证据，但我们不假定她是自己行动的权威阐释者。

我理解您的意思，即在文学文本中，意图未必被直接表达。文学文本不会开门见山；它在各种暗示中行进。文学文本复杂得多，其布局匠心独具。但我想，在最初的审视中，我们要力图明白为何是这些事物而不是其他的东西出现于文本中。这是一个因果关系，要从作者那里寻找原因。作者并非独掌控制权，而她的宰制大权也许形塑于种种她未察觉的因素，但所有这些都是文本意思的一部分。因此我认为，我们首先要理解我们是如何阐释 68
人类行为的。这是阐释学的历史根基。施莱尔马赫提出文本阐释理论，首先就是要观照如何在普遍的意义上阐释某个意味深长的表达。

布鲁克·霍尔姆斯：回到作者意图的话题，我认为阅读伦理学之于作者不必是一件义务，它更像是在挑战我们如何演绎文本。换言之，文本产生反作用力，变成抵抗者，并非因为我们冒犯了作者的意图，而是因为我们不得不变成更加柔韧的读者，不得不变换思考方式或改变视角。我们在演绎文本时持有的意图，也许会遭受某种程度的挫磨，在细读过程中也许是不被允许的。阅读另一历史时期的文本尤其具有这种伦理维度。同样，思及衡量标准，我不知道我们是否需要判定阅读伦理学在现实世界中的效果。或者，有没有更强劲的办法来说清这一实践的价值不依赖于外部效果，这一价值可与社会科学的产物相媲美？或者我们唯有总结说我们相信它有好效果？

斯凯瑞：或许换一种价值体系会更明晰。我们不怎么谈论美，我认为这种忽略无伤大雅，可是广告每天都在告诉我们，当看见美物时应该买下来，而千百年来的诗人和哲人却说，当你看见美丽之物时，你应该开始修复这个世界的创伤。如果学生们能理解，当他们察觉到美时，他们是被召唤去修复世界的创伤并自我教育，这将是一件好事。我确实认为，我们进入与文本的关系之中，就像您的问题所描述的。文本重塑了我们。如果我说我是一个“济慈派”（Keatsian），这意味着我阅读济慈，并在某些方面被济慈所重塑。被造出来的物件，往往是功效不凡的杼轴，其所发挥的能量远超工匠当时付出的辛劳，最终不会只限于一两个读者。它能柔韧地向多种思想敞开，惠及诸多读者。

丹尼尔·嘉伯：德里克·阿特里奇提出的问题有关绘画、音乐，也许还可以加上建筑，在所有的学科中我们都可以谈到阅读。
69 在其他载体中，阅读人工制品所带来的伦理问题，与聚焦文学文本的情况会略有差异。

德里克·阿特里奇：我认为，各类艺术形式之间的差别很容易被夸大。因为文学作品的载体是语言，我们用语言谈论它，很轻易就会陷入一种假设，即文学作品是特例。我们需要思考，对绘画、建筑等对象的阅读意味着什么？我们试图预知画家、建筑家或制造者的意图，对相关行动的思索是否有意义？我认为，我们不如从观看者或听闻者的经验来谈论艺术的伦理价值。

乔纳森·李尔：我们已在谈论文学如何使我们变得更好，但显然文学有时也不免使我们变坏。文学并非总是带我们走上良善之路。我们明白文学可以深化思想、创造灵性，但读者也可能每况愈下，因为他们的目的是糟糕的，而不只是因为他们在误读。文学可以让人们产生极端的错误。

斯凯瑞：很感谢您的发言，我也知道两面都有例证，但我认为它对人类意识的正面影响是占绝对优势的。我想我可能需要许许多多的例子才能说服您，但我就是相信它。我觉得我给出的是一个经验性的主张，但我也是在借助历史例证来给出一个理论性的主张。还有一个观点——文学和艺术在不吹嘘它们的美德时，最擅此道。当艺术采取虚怀若谷、隐而不彰的姿态时，更有助于其诸多正面效应的发挥，就像当今大学中的人文学科。中世纪时期的大学，以及伊斯兰教大学（如乔治·马克迪西所示[2]），从诗歌研究开始，学有所得后便否认这一研究的中心地位。我认为这就是文学和艺术的作用之一，亦即，它们在这世界上发挥作用，却不留其名，不以这些效果自我标榜。

阿里亚那·雷利：我曾想区分一般的阅读和阅读的产物，比如评论。在生产或发表读后感和阐释时，我们的伦理责任似乎不是面向作者，而是面向我们的受众。例如，我刚在一个有关维多

70 利亚时代的会议上听闻一篇论文，论述一份宪章派杂志，其时正连载狄更斯，它改写了狄更斯，删去了对宪章派的异议，于是将狄更斯呈现为一位宪章派人士。这便是又一个推广政治目标的例子，似乎不符合道德，歪曲或误读了文本。

阿特里奇： 我完全同意一个人有多重责任：之于文本隐含的作者或创造者，也之于自己的受众和读者，并对自己身处的历史、政治和社会语境负有责任。这些责任的结盟从来都不容易。正如德里达在《赠予死亡》（*Donner la Mort*）中所论，一个人要成全各种责任是不可能的，其中必然有妥协让步和顾此失彼。

乔纳森·卡勒： 在我看来，最具伦理性的问题不产生于读者与作者的关系，而在于一个人与其读者之间的关系。如果你坐在家里阅读，你不向任何人负责任。这是一个自由的时刻。作品可
71 能与你的最初假设发生抵触，但我不认为这里有什么道德指向。

第二部分

阅读伦理学与职业

生与半熟

帕特丽夏·威廉姆斯

𝄞高音谱号

我讲授的一门课叫“法律、媒体与公共政策”。我有一系列图像，有时通过一个小游戏将它们展示给学生，我称这个游戏为“看图说话”。这是一幅图（图1）。一般而言，学生们注视这幅图，看到祈祷者在许愿，在向上天求告。

这是另一幅（图2）。这幅图太容易被理解为是在表现求告的场景，唤起了一点同情。视觉上直截了当，其景象使人感到绝望、急迫、极度匮乏，恰是灾难的表呈。

这是第三幅图（图3）。很难说，但那个空中的东西可能是个从废墟中抛出的米箱。我的学生大多在这幅没有题名的图像中看出消防队在抢救紧要物资和挖掘出来的幸存者，不只是石堆中的人，还包括倒塌商铺里的生活物资。

所有这些照片其实都拍摄于海地地震，也许你们已经猜到。

图1

图2

图3

实际的标题，也许你们也已知道，图1是“洗劫者”(looter)，[1]图2是“洗劫者们”，[2]图三是“洗劫者们扔下一箱东西……”。[3] 75

有趣的是这些标题着实转变了认知视角；假如我一开始就展示附有题注的图像，学生们会看出暴乱和无序。因此“洗劫者”这个词似乎改变了法律主体或人类与这些图片的关系。这些题注相当有效地转换了关注的方向，疏导了同情心。确实，如此一来，经由更加密切的审视，我们可以看出那瓶水会有多么害怕，那箱悬在空中的米，会有多么紧张。确实，我们开始听到它在叫唤，“救命，救命——贪妄之徒正在偷我！救救我，本叔叔，救救我，我的收缩膜包装象征着所有权社会里井然有序的财产关系！”

嘘，安静下来……你们能听到吗？是的，那儿，在微风中……商品的哭泣声？

𝄡 中音谱号

我的话题是那箱米的状态：米的活动，米的意向性，一袋被撕扯的米发出痛苦、悲伤的声音。

我猜谈论它的另一种方式是，我要审察是什么获得了生命，而什么未被激活。人文学科如何成为一种产品而甚于一种关
77 系？我们是如何成为消费者而甚于公民？我焦虑的是，事物如何活在语言中，我们如何客观化，并将其转化为法律？对于法学院中人而言，人类与非人或人与物之间的界限，永远是紧要的，尤其是在这样一个时代，监禁、酷刑、贩卖人口、医学实验的限制，以及享受正当程序的权利，常常开启了某些词的新意，诸如“敌方人员”（enemy combatant）、“下层阶级”（underclass）、“理性行为人”（rational actor）、“恐怖分子”（terrorist），或“非法入境者”（illegal alien）。

因此我们提出古旧的问题：历史上的生物分类学与至今延绵不绝的性奴役、种族灭绝、酷刑、失踪、饥馑有何关联？有何断裂？如何说我们真正地或本质上是“不可剥夺的”（inalienable）？在我们看来，是谁与我们所谓的权益较次者针锋相对——一家公司？

一个囚犯？——这个难题提示出了我们这个时代某些最紧要的法律和政治问题。

所有这些都凸显了话术高度参与身份、法律主体或人格人性等种种法律叙事的建构。如果一枚卵子自受精的瞬间起便是“一个人”（即便不存在生物植入），[4]一如2012年共和党纲领宣称的，[5]那么我们很多人会认识到它是由这样一套机制承认的，正是这套机制使我们将一个政府当局、一所大学或一家公司视为一个人。当这些共和党候选人签署了所谓的《人格修正案》（Personhood Amendment），以极端的理解方式鼓吹“生命”——不仅包括胎儿或胚胎，还包括将怀孕视为一种内在的神学观念——我们或许也可以称此部署为：想象中的公民团结（imaginary citizens united）。

至于人们伸手去拿的瓶装水或米箱，复活的/灵性的新卵（neo-egg）所具有的永恒的母性圣洁被设定为在恒久的斗争中捍卫幼小的、尚未诞生的生命，对战一个女人强大的、火热的、淫荡的、放肆的、非理性决策的道德藐视，她会洗劫她的子宫之仓，并突袭无辜的货架。

看看北卡罗来纳州的新汉诺威，县委委员全由男性构成，其偷窥癖式的“幻想工程”（imagineering）拒绝资助家庭诊所，娓娓宣称“如果这些年轻女人是负责任的人，没有开始性生活，我们就不会进入这般境地”。这使某种令人震惊的颠覆之见变得正常

化，并掩盖了某些举措的侵害，就像弗吉尼亚州有意立法，以阴道探针探查女性身体的隐秘地形，以救治之需去瞥见和刺探那里的
78 幽微生命。戈塔（Gotta）指出，这种自私的偷窥毫无敬畏之心，将代孕妈妈胎盘囊泡的影像放大至墙壁尺寸，以免她看不到，以免她不知道。

随着卡特里娜飓风或海地地震等骇人悲剧的发生，这类客体化的凝视隐匿了灾祸和人类生存的紧迫性，转而呈示米袋、水壶和药店，它们就像存放我们防御性的焦虑和恐惧的仓库。当然，有一种中途流产的天真无辜，比这些肮脏的偷骗者更值得这些配给。

因此，在语言和法律的意义上做一个人，有一个词法的维度（lexical dimension）。它不是简单地关乎你是活着还是死了。你生存或死亡，你言说或消失，取决于你在人类事件的语法结构中居于何处。我们很惊讶，米以英语发出声音，但也许我们不该惊讶，既然我们已不惊讶于洗劫者因维和人员的枪炮而沉默。

当一个人是最上等的公民时，此人便受庇于《权利法案》，被默认为无辜，天生具有不可剥夺的价值。当一个人被视同奴隶，或私法的臣属，或契约中的筹码，那么此人便是被交易之物，受制于股市的动荡，仅有的一点儿投机价格也取决于他人的协商。同理，在这样的框架下，非生物也会获得生气，活得忙碌，活得比血肉之躯更生动——如前所述，就像联合公民（Citizens United）的企业，[6]或者那袋令人揪心的米，它悬浮在由饥饿的海地人所构成

的人链之上。

想想简单的棉质连帽卫衣，它在刻板印象中指涉着年轻黑人男性这类人物的犯案属性。老实而倒霉的杰拉尔多·瑞弗拉（Geraldo Rivera）察觉到这种指涉，他说，连帽衫同乔治·齐默尔曼（George Zimmerman）一样，“也对特雷沃尔·马丁（Trayvon Martin）的死负有责任”。[7]鲜活的连帽卫衣发出的声音比死气沉沉的枪火之光更亮，比尚且年轻的男子形象更显眼。[8]因此，当国会议员波比·拉什（Bobby Rush）把他那件庄肃如送葬者的西服外套换作松垮裹身的灰色连帽衫时，尽管他正读着《圣经·弥迦书》第六章第八节有关公正和仁慈的段落，这并不重要——他和他的衣装马上被国会大厦的守卫撵出了门。[9]其间插入的连帽衫的声音是如此激烈而喧哗，以致引起了礼仪规则的迅速打压，因为按国会第17条第5款的规定，戴帽是被禁止的。[10]

“这位议员被停职”，格雷格·哈珀（Gregg Harper）说道，他是来自密西西比的共和党人，一位冷漠的会议主持人。[11] 79

𝄢 低音谱号

最终，法学事业集中于何谓法律眼中的人——尽管法律之眼被比喻为失明女神之眼。这一主题萌芽于宪法第一条中的“五分之三妥协”，它规定众议院中每个州的代表数目按照各自人口比例进行分配，“各州人口数，按自由人总数加上所有其他人口的五分之三予以确定，包括必须服一定年限劳役的人，但不包括未被征税的印第安人”。由于奴隶制度，对人之定义的审查难免涉及种族因素，但宪法的说辞宽广地吸纳了生命体、法人、边缘之人和拟人物等概念。

也许它会持之以恒，但人之定义的边界正因种种无形的新规而被重新划分。美国人害怕自己衰落、节节后退。我们都有所感知，因为当今经济已不同往昔，而隐现的危险在于我们有些人将权利问题视作零和博弈，认为白人正被非白人吞食，男尊女卑正被放浪不羁的女人毁灭，金钱的声音压过道理。[12]

而连帽卫衣，就像穆斯林女性的罩袍，在美国文化的这一时刻演变为焦虑和隐秘的痛点，演变为尊荣和不轨的符码。它们遮挡了充满敌意的凝视，但也挑起了对情欲的宣示。它们提供了抵抗这个世界的幕帘，同时表达着压迫、控诉和禁忌。它们在人与拟人物、阶级与阶级斗争、敌意与情欲，以及监管过度的压抑之生与被石头砸出的可见之死之间绘制了一条不安的界线。

因此我们面对着一种流动的主体性，它关联着照片上爱默特·提尔（Emmett Till）那惨遭肢解的身体，*与网传特雷沃

---

* 爱默特·提尔（1941—1955）是一名非裔美国人，他在访问密西西比的亲属时与一名21岁的白人女子卡罗琳·布莱恩特谈了话，几天后其夫罗伊与其异父母兄弟米拉姆一起绑架了提尔，杀死他后抛尸河中，因为他们认为提尔在调戏卡罗琳。此事引起美国媒体广泛关注。——译者注

尔·马丁那近乎完好无损(除了微小弹痕)的尸体。无论哪个事件,墓志铭都纪念着一场地盘争夺战,一次廉价的守卫战,守卫毫无价值的假想之地,却装作是在与死亡搏斗。

尾　声

塞迪亚·哈特曼(Saidiya Hartman)在她有趣的文章《两幕剧中的维纳斯》(*Venus in Two Acts*)中问道:“一个人如何改写已知和预料中的死亡记录,为死去的人写一部集体传记,为人类向 80
历史抗争,为自由而行动?”[13]

地震后约三周,我在波士顿洛根机场遇到一个女人,她从太子港过来,她的故事在我脑海中萦绕。我们坐在长凳上等机场摆渡车,她想说点什么。她不得不费劲点燃这场谈话,因为我正陷入沉思,不太想交流。因此谈话只能缓缓展开:她问天气,我三言两语打发。她询问摆渡车的到达时间,我把复印的时刻表给她看。不管怎样,她维持着谈话,时不时暗示着她的目的。她要前往罗德岛陪儿子住。“嗯。”我说。她有三个孙子。“挺好。”我敷衍。接着她告诉我她来自何处,她险些没能从那座混乱的岛上逃出来。

这样,她赢得了我的全神贯注。当我顺着她的暗示,提出相关的问题,她敞开了话匣子,涌出一条悲伤之河,一阵灵魂的激流，一场死亡的重压。死了那么多，死了那么多，她反复说。她正走出去为家人做饭，她点燃煤炉，地动山摇，建筑崩塌。她不断重复这个故事：她当时已坐在院子里，肉已半熟，瞬间天地颠倒，建筑崩塌。她将同一个故事向我讲了八九遍，每次都添加一些新的细节：她给肉调了味；花开正盛，她最小的女儿正在做作业。然后她察看她的肩膀，地面移动，房屋倒塌，所有人都死了。一切都在顷刻间轰然消逝。

突然，这女人停止了她可怕的祷告，故事莫名其妙绕了个弯。“你知道发生了什么吗？”她吐露，压低声音，“地震前一晚举行过一个九岁女孩的葬礼。仪式中，她在棺材里坐起来说‘我太热了’。然后她跳出来，绕着教堂跑了三圈，跑入夜色中”。

于是，这女人陷入沉默。在我们分手之前，她再未讲一个字儿。

“有个故事，”我的祖母过去常常这样开始她的绝妙讲述，“它似真非真。”我就是这样来看待这个女人的讲述的，这个直接来自亡灵书或亡灵节的故事，抑或，就像我祖母所形容的，来自无眼之夜。子宫与陵墓翻滚而开，鬼魂追到人间。她所说的
81 其他任何东西都可能被视为真实，而小女孩从棺材中坐起的超自然景象表明了太子港如同地狱之夜的恐怖和极度惊悚——未被家人找到的无名尸体，将扭曲和打击整整一代人的混乱，不计其数且无法被整合的损失，进入我们称之为“历史”的意识——

逻辑和非逻辑、敏捷和濒死、主动和被动之间那所有不可思议的翻转。

一旦我开始将她的故事听作寓言，它便获得了完美的一致性：当人和自然的法则被颠倒，它指向时间之洞的暴行，于是死者变活，生者变死，即便他们正预备饮食。这个念叨比所有政治的、媒体的和统计数据的叙述加起来，都更生动地传达了她的遭遇，她晚上出门，她准备炉火，肉半熟，建筑崩塌。 82

克服通往王国和命运的障碍：阅读伦理学和大学的管理者

拉尔夫·赫克斯特（与克雷格·巴克沃尔德）

就像《埃涅阿斯纪》中的诗人，我想起吟唱烦恼和挑战，这种种令人敬畏的东西，甚至超出我们的预期，于是我和维吉尔一道充满疑惑，问“在神灵的心中会有如许愤怒吗？”（“Tantaene animis caelestibus irae？”，《埃涅阿斯纪》第一卷第33行）。我引用维吉尔有若干原因，尤其因为它将我带回一个古典学家所熟悉的栖息地。悠久的阐释传统紧抓住维吉尔的诗人特质，尤其是《埃涅阿斯纪》中的他，集中展现了那些被奉为领袖的人要遵循道德之路是如此艰难，但又是如此重要。最后一点，尤适用于我自己作为大学领导者的专业职位，这便是此文的焦点。

我们借此研讨会汇聚一堂，申明依从伦理来阅读的重要性，探究人文学科能如何行使关键作用，以将这一实践从濒危物种名单上移除，这自然很好。我感谢彼得和所有促成此次研讨会的组织者及参与者,并对此会蕴含的高尚题旨致以仰慕之情;我满怀希望,它将卓有影响。在此开篇,我要描述一位希求依从伦理来阅读的大学领导所面对的四个挑战。 83

挑战之一:合乎伦理之理解的认识论问题

思及不道德的阅读,我料想大多数人首先会想到道德的沦落——拥抱或屈服于阴暗面。这是墨丘利针对埃涅阿斯提出的控诉,后者在迦太基被爱与奢华包围,墨丘利说埃涅阿斯"忘记了(他的)王国和命运"或"事业"("Regni rerumque oblite tuarum!",《埃涅阿斯纪》第4卷第267行)。

但我们必须细想另一种可能的情节,即他不曾遗忘,但我们无法看见——因为伦理学最基础的训诫就是,最好的过程并不总是清晰地向我们呈现。事实上,与其说我们在行动中不得不从道德和非道德的做法中选其一,毋宁说我们往往面对着可能相互冲突的诸多选项,而它们都声称是合乎道德的。易言之,我们面对的是认识论问题。决定何为正确的道德之径,其最著名的例子或许要涉及义务论(deontology)与结果论(consequentialist)之伦理视角的潜在冲突——亦即,前者主张我们必须在行动上符合伦理,而后者坚称手段是由结果来裁决的。

这类解析的价值可见于我们如何得益于它去理解所谓的

“虐俘档案”，这是我们本次聚会的主题。柳约翰(John Yoo)[*]在这一档案中解读宪法和国际法时，坚称他的理解是诚实而精确的，即便从他的解读所服务的目的来看，此解读无疑并不全然符合道德。很显然，柳约翰教授的支持者当中，有些人将此解读方式看作是诚实而精确的，同时又是令人不安的；另一些人认为它是对诚实解读的侵犯，以服从于另一非常重要的原则，有时称作“国家安全”。我相信，围绕“档案”而展开的持续论争，首先是诸种伦理视角的冲突，而非公然的反道德行为。但让我进一步阐明：有时我们视某人为恶棍是正确的，不管这个恶棍如何看待他或她自己。

如我已述及的，对本次“阅读伦理学与专业主义文化”研讨会，我的讨论来自我的职业经历——大学管理者，具体而言是加州大学戴维斯分校的教务长——但我是作为一位人文学科的教授来反思目前工作的挑战的。再次，我的教务长之职，与柳约翰教授曾在司法部法律顾问办公室所从事的工作，具有一定的可比
84 性。在这两者中，执事者都常常被要求“读”——需要向公众解释——各种文本，以维护领导功能。对大学的管理者来说，阅读行诸基础性的文本，比如州宪法或一所机构的职责宣言；此外，

* 柳约翰，韩裔美籍法律学者，美国加州大学伯克利分校法学院教授，曾在小布什总统任内出任美国司法部高级官员，因其批准美国陆军与中央情报局在伊拉克战争中对战俘施行暴力审讯（尤其是使用“坐水凳”方式）而饱受争议。——译者注

还要阅读对话型的(dialogical)文本,比如专项任务报告或科学研究;还有关乎当前或历史事件的现实世界之文本。被两个或更多的诉求拉入不同的方向,是这类行政者阅读的关键。我且以自己的机构来举两个例子。

第一个例子有关学校围绕《美国原住民坟墓保护和归还法案》(Native American Graves Protection and Repatriation Act, 简称NAGPRA)而展开的特别行动。这项行动最近再度活跃,为学校如何拥有"无法辨认的文化遗存"制定新规提供建议——根据某些明确的条款,此类遗存无关联邦政府所认定的任何部落。许多此种类别的遗存属于戴维斯校区和加州大学的其他校区所有。

解读《归还法案》和新规,我认识到了多种互不相同且潜在冲突的伦理指令的正当性:要诚实而精准地解读联邦法律;帮助美洲原住民部落,他们在文化上强烈地关联着尚未确认的遗迹和通常意义上的遗迹;照顾大学在此方面的利益,在很大程度上这也关乎历史和人种志研究;甚至还要保护和促进戴维斯校区(校内有些学生、教员和职工是美洲原住民)和远近美洲原住民部落、加州民众之间的和谐关系。实际态势则更为复杂,因为各方的利益关系错综交织,服务于一方往往也要服务于另一方,而热烈的倡议也许有失客观。

我想引用的第二个例子是关于解读一份名为《加利福尼亚州高等教育总体规划》(California Master Plan for Higher Education)

的文件，它最早的版本问世于1960年。《总体规划》雄心勃勃地计划了加州的公立高等教育，为加州大学系统、州立大学系统，以及社区学院系统各指定了不同的角色。但这份规划更广为人知的是它表达了加州对于教育机会的承诺。如名称所示，这份文件具体说明了顶尖高校毕业人数，即加州大学系统的招生计划，所占的百分率。

解读《总体规划》，管理者至少被拉入了两个方向：既要从字面上来读，尊重最初的招生目标，又要灵活来看，根据实际因素
85 对目标进行调适。可以说，这两种解读，都有道德上的考量。这个例子尤为重要，因为其关键是面向当今公众高等教育的最重要道德问题之一：如何从全局上在学生和大学之间划分资源？或者，换言之，我们如何在维护普泛教育机会与以制度促进卓越（尤其是举国和举世可知的卓越）这两个目标之间取得平衡？以《归还法案》来看，此处的道德境遇更加纠缠，因为将资源导向一个实体，将潜在地或时而间接地使另一方也获益。

挑战之二：团体阅读（corporate reading）

期望并致力于伦理式阅读的管理者，需要面对的第二个挑战事关大学构架的方面。这是现实中大型而复杂的组织，比如重要的研究所，其最高管理者本人既没有时间也缺乏必备的知识和

专长，以他或她的方式，向所有书写之文本和真实世界之文本的广大读者给予充分的解读。故此，领导的典型处理方式是我所谓的“团体阅读”，我是在中性而非最坏的意义上（即牟利的组织）使用此词，意指“共享的阐释性劳动”（shared interpretive labor）。让我再举一个本机构的例子。

2011年11月18日辣椒喷雾事件*造成了集体创伤，此后几个月第一修正案与校园抗议的关系成了戴维斯校区的当务之急。令此事发酵的是，后来又发生了针对某银行在我校区分行的抗议，以及另一事件——两位以色列人（其中一位是军人）在校内讲话，引起重大骚乱。

作为教务长，我发现，有必要向校内人士和公众“解读”第一修正案及相关法律。可我既非宪法学者，也不是律师，我便引入了本校法律总顾问的解读，但非他一人之见，因为他在法律上的所有见解普遍关联其他人——例如，我校法学院的教授们，以及法学院院长——这些人拥有更广博的专业知识，在教员、学生和许多公众中也享有更高的威望。实际上，作为典型案例，我对第一修正案的解读来自大学里更广大的人群，与专业见解所司的领 86
域不同，层次也不同。这确实是一种团体协作的努力。这不仅是

* 2011年11月18日，美国加州大学戴维斯分校有部分学生在校内一处开放场地示威，声援兄弟院校加州大学伯克利分校的“占领华尔街”校园活动。戴维斯分校校警以辣椒喷雾驱散抗议学生，立即掀起极大争议。——译者注

一种重要的推动方式，也可论之以道德责任：这一过程意在避免某人夸大其词。

另一方面，团体阅读无疑向伦理式阅读提出了挑战。例如，无论我何时引用或胪列同事所作，不管是行政人员还是专职教师，我相信却无法绝对肯定他或她完全遵照了应有的勤谨和诚实等道德责任。但是既然缺乏明显的不利提示，进行合理的核查后，我的工作就是信任同事的成果，并在必要时加以引用。结果，我作为教务长的解读——署名为我和我的办公室的一些报告——可能无意间掩饰了另一个人的道德过失。兹事体大，因为在这个例子中，我的解读也许促使虚假不实的分析得到进一步的合法化，由此为糟糕的制度性决策提供了便利。我的看法来自各种控制机制，包括正式和非正式的，以阻止这种有害因素荼毒我作为教务长的解读，但是必须承认其中存在着结构上的弱点。

团体阅读还向伦理式阅读提出了第二个挑战，这或许更强劲也更频频可见。因为团体阅读在众多个体中划分了阐释的工作量，更容易使个体的意识在裂缝中滑移，迷失于洗牌后的乱局，或者就是被进程本身的广大无垠侵蚀。在最糟糕的情况下，团体阅读会养育出一种短视，由此被狭隘界定的机构之利益，凌驾于某些更高的原则之上，如大学的真实使命，或机构所服务之人的真正利益。

挑战之三:冲突的主旨,冲突的阅读技巧

我所想到的伦理式阅读受到的第三个挑战,关乎本场讨论(如果不是整个研讨会)的主题,即将人文学科的训练和知识引入公共领域,可以培养专业人士的伦理式阅读。人文学科如同一把促进伦理式阅读的钥匙,其理由是站得住脚的,极简而言之,大概可以这么说:人文学科的训练和知识使我们成为更有技巧的读者和更有道德感的个体。 87

显然,如上所述,我们的主题似乎依赖于一个可疑的假设,即在重大意图和目标上,各门人文学科是同质的。它惊人地假定了,"人文学科"之名所笼罩的一切学科在内容和实践上具有高度的同一性。其问题之严重更在于,不同机构对人文学科的名单往往有不同的认定。问题的关键在于,不同人文学科的主旨和实践存在诸多差异,我们常常甚至总是有充分理由怀疑,这产生了明显不同的阅读能力和实践、不同的感知力和处理能力,甚至不同的人群。确实,考虑到不同机构中的相应院系,甚至一个系内教学人员之间的巨大差别,异质性似已深入其中。所有这些是想说,当我们试图将人文学科引入公共领域,借以拯救伦理式阅读这一物种时,很难说我们预料到了将引进怎样的产物。

我不宜在这里尝试以任何综合性的方式探究，弥漫于人文学科中的异质性如何敦促它们尽其所能去培养伦理式阅读，尽管这个话题无疑值得深究。取而代之的是，我仅分享有关我自己原来的领域——文学中的一个问题。

我想知道，我们的文学知识和训练是偏向所谓的传统主义或旧式阅读，喜好正典，还是偏向更新的、理论上更前沿的资讯种类，更乐意冒着超越正典的风险，向文本提出不同的问题，这两种取向对我们整个道德能力和行为是否会有不同的影响？新旧阅读之争，如今已不复兴盛，其焦点是激烈地宣称一个人的归属会在精确阅读的过程中带来改变——往往是对于此人的道德意识和品质。尽管我们必须避免简单地假定读者的道德与其读物及阅读方式之间的相关性，这种相关性的存在——或弱或强——却至少貌似可信。拒绝承认这一点，则是在坚持不同的阐释实践和文学文本——据说它们皆能提供独特的道德教育——不一定能以独特的方式塑造出道德意识和价值。我想说，至少在我们的无知
88 现状中，这是一种我们难以支持的立场。我稍后将回到这个话题。

挑战之四：道德的勇气

最后的挑战在我此番讲话开头即已触及，我谈到埃涅阿斯的艰难抉择，是在迦太基与狄多过安逸的生活，还是精疲力竭却

依从神定的命运去建立罗马。狄多谴责埃涅阿斯狠心。但我想,敏感的阅读所看到的不是一个绝情的英雄,而是一位英雄在挣扎,他一认识到自己的道德职责便狠下心来。在罗马人的虔信(Roman pietas)框架内,他不仅要对神尽责,还要对父亲安喀塞斯、儿子阿斯卡尼俄斯,以及跟随他的族人负责,他们的未来是凶是吉与罗马的伟大息息相关。我的观点无甚新奇:即便一个人已经认清了道德之路,要遵此而行也往往是极端困难的。但我无论如何要强调这一观点,因为就我所见,现代个人十分擅长将非道德的行为合理化——那种行为,在没有特定诱因或压力的情形下,他或她可以轻易地将其认作非道德。

有人也许反驳说,为不可原谅之事巧辩具有悠久的历史,它强烈地反映在诸多经典文本中。想想弥尔顿的撒旦,莎士比亚的伊阿古,柏拉图《高尔吉亚篇》里的卡利克里斯(Callicles),*或是索福克勒斯《菲罗克忒忒斯》(*Philoctetes*)中的奥德修斯。**公元前6世纪,墨伽拉的特奥格尼斯(Theognis)***已作诗哀悼道德堕落

---

* 柏拉图在《高尔吉亚篇》中描述了苏格拉底与卡利克里斯对谈。卡利克里斯大致认为,在自然和习俗之间存在基本的对立。依据自然,弱肉强食是正当的;而法律和习俗则是弱者们设立的。弱者天然就应该做强者的奴隶。而苏格拉底质疑卡利克里斯混淆了"强"(strong)与"好"(good)。——译者注

** 在荷马史诗和索福克勒斯的悲剧中,菲罗克忒忒斯在前往特洛伊的途中不幸受伤,被奥德修斯遗弃。他伤愈之后,奥德修斯与涅俄普托勒摩斯等人却又请他继续前往特洛伊。劝导时,奥德修斯以荣誉为诱饵,而不提自己此前的不道德行为。——译者注

*** 特奥格尼斯(约公元前585—前540),古希腊著名诗人,出生在墨伽拉(Megara),持守贵族伦理,主张身份差序和敌友有别。——译者注

为财富和利己主义的玫瑰。天啊，我们可以回溯到该隐，他杀害兄弟并将其合理化。

尽管我无法回答，在使非道德行为合理化这一方面，现时代是否有别于早先，但这种做法并非荡然无存。我意不在指出它乃现代特有之病症，而是想昭示它在当下的繁殖肆虐。而这也有利于我们思索当下历史时刻的独特状况——包括但不限于职业专业化、所谓的企业文化，以及公共关系实践的发展和影响——也许尤其能滋养那种病症，或至少培育出了它的当前形态。

至此，我这篇文章聚焦于挑战，它们都可畏而复杂。在结束之前，让我至少尝试做一点管理者们渴望做的事儿：解决问题。再一次，我请诸位注意《埃涅阿斯纪》。在墨丘利提醒之前，埃涅阿斯曾计划采取中间道路，既能在北非享受爱情和奢华，又能履行自己创建罗马的天命。他可以在迦太基和狄多构筑一个联合帝国。同样，我们都有强大的动机和巨大的能量去规避道德令式
89 （ethical imperatives）。但埃涅阿斯——因为维吉尔是为奥古斯都时代的受众而构造他的，不可避免地出于一种奥古斯都时代的视角，从布匿战争之后的眼光来观——发现并没有兼顾欲望和责任的中间道路可言。同样，我相信我们必须在道德行为方面的艰难选择中做得更好，因此我对大学的领导者提出一点儿有关阅读的建议。

阅读中,不以结果评判手段

作为读者,亦即阐释者,我们应该像奥德修斯一样导向义务论,当他夹在斯库拉与卡律布狄斯这两险之间时,他策略性地将船驶向了前者,至少在一念之间将损失最小化。也就是说,我们更应在过程中体现道德关怀,而非从结果来评判不道德的行径。我这样说是因为,如果不相信我们能全心全意地阅读,精确、别无居心,那么真理的坚实根基就会丧失于我们的宏大话语中,我们这个群体会变得破裂而尖刻。这些损失甚至在表面上教会了大学这类机构去乐于承担它们,至少时不时如此。但它们太高昂。

但你会说,我们该怎样尽责地关注未来,确保我们的阅读最终将造福于我们所服务的社群?幸而,有一条管理者履行职责的道路。作为执行人,职责包括制定决策和倡导某种政策。一个全面的管理者必须既是讲求道德的读者,又是能干的执行者,在行事中兼顾二者职责,不负公众信任。

重视团体阅读的挑战和人文学科的异质性

我说过,团体阅读的危险之一是助长短视,它将狭隘界定的机构利益置于更高的准则之上,诸如大学的真正使命,或机构原

本应追寻的利益。一种短视的论点是，如果一个机构要生存下来，并且给大家带来好处，那么大家就必须服务于它。此观点情
90 可有原，但应该坚持用健康的怀疑主义来考量它——因为，本质上，这是一种滴入论（trickle-down argument），许诺普惠大众，却从未实现。

至于运用何种阅读技巧，我们作为管理者应密切关注的是，针对我们所服务的多种群体，我们各具有什么职责，以及怎样更好地使用技术来完成职责。鉴于人们期待管理者能清晰地与人沟通，能诚恳地对待不同背景、不同专业领域的每一个人，他或她就应该试图以通俗易懂的语言来说话。同时，由于显而易见的原因，管理者的阅读所聚焦的话题和事项应与公众福祉紧密相连。最后，管理者的阅读应注重整体性，能将他或她的阅读表达为一套系统的真理——换言之，管理者阅读的种种都是相关而重要的。我还要强调的是，应实践“阐释中的慈善”（interpretive charity），意指努力阅读一个文本——不论是书面的还是“现实世界”的——带着公正、敬意，至少在最初怀着一种可行的假定，即文本包含或可能导向读者有待获取的智慧。

我所描绘的管理者之阅读看上去更倾向于传统主义，似乎不能服务于它的正当目的——以及它的公众——如果它不能让自己获益于某种怀疑精神、去神秘化，乃至较为时兴的解构主义技巧，那么它的目的就会落空。我不相信传统主义和非传统主义

阅读实践的结合将制造出某种怪异的、米诺陶式的杂交产物。我想，我可以说明前述新技巧与旧技巧有诸多相同之处。一个重要的例子是苏格拉底反诘法（Socratic elenchus）。[1]但我也请你们转移注意力，去钝化和挡开这种机智批评的锋芒——例如，耶稣近乎倔强地从字面上解读了刻有恺撒头像的银币，以此驳斥法利赛人设下的有关人头税的陷阱式问题。[2]

但我们的阅读技巧所处的时代与此不同，我们在现实世界或书面文本中对这些技巧的设定也不相同。如果我们想要提倡专业领域的伦理式阅读，我们应更关注如何获得更深刻的理解力，理解文本类型的各种差异，理解阅读实践有助于塑造我们的道德意识和价值观。唯其如此，我们才能合理地估量出，在那个广阔多姿、所谓“人文学科”的世界中，我们应该做些什么，使之进入公众领域。讲完这些，我还要补充一句，我本人知道各领域、各理论流派都已有人文学者十分成功地在学生中推动了道德教育。 91

回应与讨论

理查德·森尼特

我想就两点来评论，一是谈谈帕特丽夏·威廉姆斯文章的开头，二是有关专业教育和人文学科的问题，其视角更多来自我的城市设计与规划专业，而不在于文学本身。

威廉姆斯的文章着实精彩绝伦。它特别触动我，因为我几个月前就在海地，我想与大家分享一些令我叹服的事物。海地那时有13 000家救助机构，它们的运作都不太顺利。一个原因是，许多救助取决于救助对象被视为“值得救助”——当时未遭受任何诉讼，未被认定为洗劫者。因为当时物资大量匮乏，不足以供应太多人，尤其是地震后的十四周里，许许多多的人因为这个标签而被剥夺受助资格。

威廉姆斯的报告震动我的是，它提出了一个有关为图像命
92 名的深刻问题。她的学生观看这些图像时的反应——以及海地

的诸多救助机构的反应——体现了词语与图像之间的关系，在此，词语的权力彰显于它对**行为人（agent）**而非**行动（action）**的命名。对于**谁**在图像中的标记成为了对图像内容的阐释。这种激进的方式，遏制了图像的公共性，限制了我们对其公共价值的理解，因为它基本上是从他们的身份而非他们的所作所为来设定价值的。于是关于他们为什么做他们正在做的事，阐释的空间大大减缩了，因为他们已经由行动的动因而被识别。这是公共生活的普遍现象，我们为了减少模糊性，擦除了未知动因的问题，代之以已知的动因——此案例的做法是污名化——这便减少了对他们所作所为的真正思索。这种减缩，对公共领域来说意味深远。

当我看到那幅图中，众人之手使劲伸向空中的一箱米时，震动我的是，那米只有一箱。他们之所以伸长了手，原因在于海地当时近乎饥馑的状况，而不在于他们本身是“洗劫者”。因此我们要聚焦于这箱米，视之为一个象征，它为有关彼时情状的讨论创造了一个空间，而不要聚焦于“谁在做什么”的动因型问题。顺便说一句，我认为威廉姆斯论文中这幅照片里的行动可被恰切地命名为“恳求”（supplication）。

反讽的是，对那些在谷歌忙于组建海量摄影图像库的人来说，此处大可争论。震动他们的是，他们使用的标签技术——用来识别谁在照片中——使照片的公共价值，相较于他们尝试为照片中的行动分类时，大大减损了。亦即，认定行动者的身份，会导致图像不那么有用，不如使用更为复杂的分类法，以命名行动为主。因此威廉姆斯的论文提出的这个问题具有诸多维度。

我还要谈谈专业领域中的人文学科，我的视角不属于一个
纯粹的人文学者，而更多来自我与建筑和工程的密切接触，尤其
是我所从事的城市规划工作。我观察人文学科已怎样运用于技
术领域。我的观察基于这样一个理念，即优秀的技术人员同样需
要想象力。技术制品若只为解决问题，便是一种低端行为。在麻
省理工学院或加州理工学院这样的地方，其音乐和文学院系很活
93 跃是有原因的——它们是拓展优秀技艺的重要因素。但这些是
精英院校。在声誉等级不那么高的院校，则少见科技工作者去探
触人文学科。这是一个非常复杂的框架。某种程度上，在一所以
设计或工程为主的公立学校，人们的现实评价标准是他们将来的
工作纯粹取决于技术专长，但不仅如此。在美国，技术工作的分
配是自发的，因此出身较好、名校毕业的人有更多自由来展开充
分的创造，成为能工巧匠，去想象各种可能性，去发现问题而不仅
仅是解决问题。这种精英技术领域中的氛围，鼓励人们去讨论阐
释性的问题。

因此，对我而言，当我注目技术教育中的人文学科，我看到的是不平等，它更多地关涉技术领域的专业问题，而非人文学科是否有价值这一问题。它真的关乎一个事实，即专业训练正在变得如此不平等，以致唯有处于顶端的人才相信自己有机会成为完

美的职人巧匠，并抱有人文诉求。我听说同样的不平等也存在于商学院。我最后要指出的是，我们也许能对此稍作扭转：问题不在于人文学科是否有价值，而在于它们对谁有价值。而答案取决于大学之间深刻的且仍在增长的不平等。

迈克尔·罗斯

逃避阅读

我给我的回应起了个标题，“逃避阅读”，这是向哲学家斯坦利·卡维尔（Stanley Cavell）眨眼示意，他有关《李尔王》的论文《逃避爱》（The Avoidance of Love）从我还是个学生时就对我深有影响。

回普林斯顿参加这次研讨会很奇怪。我在1978年作为研究生来到这里。那时，许多人都热衷于强暴的阅读、嬉戏的阅读、阅读的惬意、破坏式的阅读、追根究底、寻找俏皮的双关语。如今我们热衷于阅读伦理学，而我已在问自己，这是一种进步还是什么。

当我们转向伦理学，我们试图逃避什么？这组讨论以“阅读
伦理学与职业”为题。会议介绍说：“职业教育也许是现代美国 94
大学最有特色、最强劲的产物。”我是卫斯理大学的校长，我们没有任何职业性的学院。就此，常春藤联盟的研究型大学中，与我

们最类似的是普林斯顿。但即便懂得美国其他大学设立职业学院具有重要的经济和专业作用，我也不认为这是我们国家最鲜明的特质。过去，美国大学长期支持博雅教育，这是我们最具特色、最强大的产物。这意味着支持一种只会引来更多教育的教育：为了探寻而探寻。

但我认识到职业教育在大学里是强大的。我所在的学院以本科教育为重，可我仍能看到职业化影响了人文学科和社会科学，当然，也影响了理科。你不需要医学院或商学院具备职业化。我们很多教员似乎都渴求职业化，尽管他们也嘲笑它；而这种嘲笑变得越来越玄奥（“专业”），只有业内人士能知悉。所谓的跨学科自20世纪60年代以来给人文学科带来的最大坏处就是职业化。坦率地说，大学里的职业化由嫉妒、金钱以及对模糊性的惧怕所驱动。强势院系有能力诱使人们从其他的强势院系转过来，自傲是它们最明显但并非最重要的症状。

首先，回应拉尔夫·赫克斯特的文章，我不相信阅读中存在非工具性行政管理的（noninstrumental administrative）方式。不论什么时候听到非工具性行政管理这类东西，我总要找我的钱包，因为官僚系统从来不会是非工具性的。我认为，大学的官僚化，我也身在其中，是校园里很可怕的一面。我夜里（有时）能睡着，是因为我认为，作为这种官僚系统的一部分，我的保护使同事们有可能去干更妙的工作，比如大家在我们这次会议上的表现。

我认为没有什么道德理解的认识论问题。我想借用伊恩·哈金(Ian Hacking)和米歇尔·福柯的话说,在道德事务中,判定什么可以算作道德实体,这一过程没有恒定的真理。你决定自己要效忠于什么社群,或者你在什么群体中找到了自己。然后你琢磨自己如何融入那个社群;你寻找途径来获得归属,或排除自我。 95

关于帕特丽夏·威廉姆斯的论文,一系列的追问勾起了我的兴趣和动力,追问什么获得了生命,而什么没有被激活。指出谁会对我们有价值,谁会对法律有价值,以及如何获致这些价值,是一项重要的任务。指出谁被排除在这一进程之外,是一项紧要的任务。威廉姆斯最后重述那位海地女人的故事,使我们更多地打量自己。我不知道这是否有道德性,但在我的社群中,这是大善之举。

我有一点儿结论。首先,从强暴的阅读到伦理式阅读,我们害怕什么,我们力图避免什么?我认为乔纳森·卡勒说得很好:我们被指控为虚无主义已经这么久,以致许多人似乎觉得我们必须找出办法来迎合我们身边的工具主义。道德伦理也许是其中最不坏的一条路,但我不确定。无论如何,在吁求道德伦理时——亦即,不仅吁求阅读伦理学,还吁求一种能使我们更具道德的审美体验——我费力地去理解,如何看待其他想象性活动的潜在道德价值。例如,看电视的伦理。我不知道看电视和阅读相比哪个更具伦理性，但我想大家都不怎么相信我们会因为电视或YouTube而变成有文化的、更好的人，变得更具同情心，更能设身处地想象他人。为什么阅读是一种更高级的道德体验？

最后，当我们从嬉戏的或强暴的、破坏式的阅读转向伦理式阅读时，我们力图去做什么，或不做什么？我觉得此处有一种对阅读的惧怕。阅读也许一无所获；我们也许在阅读中迷失。置身人文学科，我们有人感受到了这种迷失，这种迷失其中的愉悦，已是一种重要的实践，有时甚至是一种目标——甚至是一剂鸦片，正如伊莱恩·斯凯瑞所说。在阅读中，我们会觉得自己无所遮蔽。我们会在自己的无所依傍（ungroundedness）中感到羞耻或快乐。一个人的阅读模式，无论是采取简·亚当斯（Jane Addams）[*]的同情式阐释，还是雅克·德里达的解构，通过阅读，我们领会到事物可以——我们可以——是另外的样子。我认为这不意味着我们可以（在道德上）变得更好，而是意味着我们可以对自己有更多想象。

当我们转向道德，我们在力图避开什么？我想，我们在力图避开阅读，因为阅读——想想本次研讨会提请我们注目的“虐俘档案”——**使一切变得可能**。如果我们同意阅读将我们导向迷
96 失，导向无根无基，那么我们必须承认，我们在阅读中找不到任何

* 简·亚当斯（1860—1935），美国女社会改良家，和平主义者，致力于改善社会状况，争取妇女、黑人权利，获1931年诺贝尔和平奖。——译者注

方式去拒斥“虐俘档案”。我们**可以**拒斥虐待，但这不是一种阅读伦理学，而是政治——亦即，为权力而斗争。

如卡维尔所说，阅读揭示了我们，或如德里达所说，阅读令我们优柔寡断。以阅读为基础的研究，跑向以数字或系统为基础的研究，往往也跑离了多义性和揭示力。而对进步的诉求，不论是历史的还是道德的，在我看来亦是在努力减少这种多义性。我想请求大家，勿要试图用“道德”这类标签去掌控多义性，由此转投阵营、逃离阅读。

威廉姆·杰尔马诺

这段议程报告的两篇文章切合“阅读伦理学与职业”这个提法。什么程序或协议可以掌控和“阅读伦理学”一样果决而高尚的东西，什么特定的庄重性附着于更接地气的“阅读伦理学**与**（啊，这个连接词）**职业**”？我们的发言者和其他优异的回应人启发了我，讲讲我经历的第一段职业生涯似乎有助于讨论。将近三十年前，我是一个学术出版人，在劳特利奇出版社和哥伦比亚出版社，那是在我进入库珀联盟之前。

职　业

且让我从主导概念“professions”（职业）开始。“professions”

的传统定义较为古老，或许如今已经老得不再适用。我在“牛津英语大辞典线上版”查询“professions”这个词，得到的结果是“try again”（再试一次），这也许是在告诉我们专业主义（professionalism）的些许本质。

另一方面，搜索单数名词“profession”，生成了一列上溯至13世纪早期的义项，彼时其“宣示、承诺或发誓”等意思直接指参与宗教秩序。“professions”是信仰的展示，因此受制于道德承诺的原初意义。爱默生在其伟大的《论自然》（Nature，1836）一文中，可以将道德描述为“一套从人出发的人之职责”，而非从上帝出发。职业和道德已经紧密相关。人之职责的含义，是我们作为教授而行事的核心，而我们所做的这件事，我们做起来很专业
97 （professionally）。

作为一位大学教师，我培训专业人才。在库珀联盟，每个学生要学习四至五年的本科专业课程，如艺术、建筑或工程。我们没有专门的博雅教育。每套课程都几乎是学生本科期间唯一接触到的，或哲学，或音乐理论，或经济学，或莎士比亚。在此，我们所认为的阅读之伦理学——忍耐、善批判、专心，并且深具仁慈——听起来像是细读与《哥林多后书》的相遇。这是一个很好的平台，获益的不仅是那些在专业上高度聚焦、已经在渴求职业生涯的年轻学生。

出版的商业运作不像法学或医学这类专业，神圣的意味

要少得多。但阅读的实践如此关键地取决于出版所承担的工作——挑选、开发和宣传——出版，对我而言，不可避免地融入了道德问题。挑选、开发和宣传是大学在其掌控下对学生所做的事，是我们作为教师所承诺的责任。

出版的种类和形式有很多，每种都自有其道德困境和失败：从理想主义（如有关免费开放获取的争论）到独有性（如所谓的"学术产品"日益增多，其所有权和责任的边界何在），再到悲哀和丑闻（如击垮了英国某家报纸的电话黑客事件）。但作为"专业"和"职业"之间的某个地带，出版却仍密切地关联着我们此次研讨会所注目的阅读和道德问题。我马上会回到写作的问题。

不论我们喜欢与否，人文学科都承担着双重的负荷和混杂的信息。负荷首先来自市场，它要求一种自我评判。**为什么是人文学科**？**为什么是现在**？还有第二个要求，要求满足对人类境况的无穷好奇心，要求我们提供理解人类经验的工具。由此我们守护它，反复打磨它，将它提供给每一代和每一类人。是它使得普通的成年人想打开新闻，想浏览维基百科，甚至想阅读《埃涅阿斯纪》。它还使其他更理性的年轻人投身人文学科。

我们的双重负荷包括相互抵抗的姿态，一者憎怨，一者困乏和好奇。美国社会对人文学科的文化反映，即便以其最大的同情，也不过是爱恨交织（*odi et amo*）：我讨厌你，我也爱你。而在社会的同情心最弱时，人文学科似乎更像菲罗克忒忒斯（拉尔

98 夫·赫克斯特曾提及)，遭受排斥，却对整个社会系统必不可少。如果我们无法轻易解决这种相互抵抗，我们至少可以聚焦我们的行动及其理由。因为“阅读伦理学”这个问题——尤其是“阅读伦理学与**职业**”——终究是一个有关实践的问题。

阅　读

阅读是罗伯特·达恩顿(Robert Darnton)所谓“交流循环”(communication circuit)中的一环？是一种传达信息的手段？还是一种阐释行为？本场议程的两篇文章以殊为不同的方式形成了有关阅读伦理学的讨论。尽管拉尔夫·赫克斯特的论文从维吉尔切入，但他和帕特丽夏·威廉姆斯都未拘泥于文学之内，这是好事。赫克斯特的论文指出，在阅读中我们应该“导向义务论”；他在“伦理式阅读的挑战”一文中，睿智地突出了他所谓的“团体阅读”，但他对这一概念的演绎，如他所说，是在“中性而非邪恶的意义上”，由此界定“共享的阐释性劳动”。

如管理者们所知，在所有学科中，人文学科或许最不会自视为“共享的阐释性劳动”的参与者。我们大多数人固执于作品的独著性，即便我们明白共享的阐释性劳动可能会产生更出色的结果。人文学科中的专业性阅读是潜心的、多疑的，往往也是孤独的；我们的奖励机制所认可的，本质上依然是个人英雄主义，尽管最后一位浪漫诗人早已躺在水仙花丛中安息。我们认为自己想单独行事（无论**这事**是什么）。

鉴于人文学者不信任附有“团体”一词的任何东西，赫克斯特重新定位大学群体中的“团体阅读”便格外震动我。我们展开各种阅读，但在我看来，处在我们行政岗位上的一些人，不可避免地例证了共享的阐释性劳动。不过我想补充，学术出版的机制也一直既是团体阅读（在字面意义上），又是“共享的脑力劳动”（shared intellectual labor）。在大学出版社和学术期刊，集体阅读的一整套实践已高度内在化，以致身处其中者有时会忘记，共享其实是多么频繁。

威廉姆斯的文章，以她标志性的写作风格来传达，彰显了形象的中介及其巨大的文本力量。她使我们注意话语如何构造了人类事件，进而提醒我们，无论好歹，我们通过语言来思考世界。
“在语言和法律的意义上做一个人，有一个词法的维度”，她写 99
道。因此需要以一种阅读伦理学来限定前提，从而不仅可以正确地读解文件，还能正确读解人和人类事件。

引出后果的阐释

进行伦理式的阅读，想来应具有多种特质——有意识、善批判、仁慈、耐心、专注。这些都是好的方面，而我们期盼我们的工程师和医生，我们的信息技术专家和服务员，我们的父母和子女，我们的教师，甚至我们的政治家，能够破译这个世界的复杂信息。但我们不满足于——也不该满足于——仅从彼此之间获得瞬时的、一次性的关注。我们希望那些讲求道德的读者多少被改变，在依据道德来阐释的阅读中经历解放和烦难，因此阅读带来重要后果——在动态的意义上，令人难以抗拒，意义重大，使读者发生改变。

威廉姆斯和赫克斯特的论文都指出，阅读带来后果。因此任何形式的阅读都无法也不该逃避阐释行为，而每个阐释行为都有衍生的潜力。一个教务长的备忘录（赫克斯特举的例子）或一段照片题注（威廉姆斯所论）将造成阐释和进一步的文本，这一过程连绵不断，直到文本事件被耗尽。在此意义上，伦理式的阅读不仅是我们永远的期许，也是一种与其主体协作的实践。正如杰拉德·格拉夫（Gerald Graff）论及写作的教学法，当我们讲授写作时，我们坦率地要求学生的写作作品，“不错，那又怎样？”[1] 当我在我的机构之外与专业作者共事——主要是教授，我对他们正在完成的作品提出了同样的问题。观察，阐释，这是教授们所做的：我们对事物留心。但如果这种姿态再无延伸，循环依然未完成。应该有阐释的后果，因此伦理式的阅读——我们还能说出其他的阅读类型吗？——并不庆贺它自身的纯粹。阅读和阐释是智识、社会、政治工作的开端。伦理式的阅读聪慧、干净、光明正大，但它唯有制造出重大阐释——不是朱迪斯·巴特勒提请我们反对的可交付物，而是一种结果，它才有潜力改变世界、文本以及读者。

我将以出版界联合各种职业，伦理式的阅读联合写作的道德责任，来做出我的总结。伦理式的阅读行为，意味着既要阅读语词的构造，又要阅读社会文本，这提醒我们，伦理式的**写作**是一种职责，它超越了真理价值、系统方法、引用出处等问题。伦理式写作的驱动力在于，它感到对未知的读者负有责任。如果所有的 100
阅读都包括阐释行为，那么写作必须认识到它自身的阐释能力。带着关怀去写作——也带着观点所能支撑的明晰——可转而开启读者的阐释。写作能力是一种可开发的技能，带着勇气和明晰去写作是对读者的尊重，这在任何领域、任何行业都是伦理责任的开端。如威廉姆斯所提醒，这个世界由真实和非真实的故事组成，而这些故事通过我们所持有的语言来讲述。其间的伦理学在我看来相当清楚：写作，如你所意；写作，如同你所写的可以改变读者。因为确实它可以。

讨论环节2：阅读伦理学与职业

彼得·布鲁克斯：我想以比尔·杰尔马诺（Bill Germano）的观点来开启讨论，那就是有些类型的阅读在本质上就意味着重大后果。譬如，人们遭受酷刑便是后果之一。简·迈尔指出，布什政府从滥用语言开始,其他一切随之而来。我不确定自己是否同意,但无疑,如果你滥用语言,那么就不再有任何方法能确认什么是伦理式阅读。

迈克尔·罗斯: 我不认为酷刑和杀人是滥用语言的后果。显然,我认为反抗酷刑很重要,但如果为了给予人文学科重要性而说一位受到更好人文教育、具有人文意识的律师——也就是说,这位律师会认同我们和我们的政治观——将不那么捍卫酷刑,那便是一种误导。问题在于不惜以一切代价追求战争策略,而不是律师所受的教育够不够人文。换言之,我想这是个政治问题,而我不明白,有些人使用酷刑来加强国家安全或他们自己的权力,我们反对他们,为什么说更为道德化的解读能以某些正式的概念将我们从这一政治斗争中拯救出来。

朱迪斯·巴特勒: 迈克尔,我想过,您是在说档案是不会自己行动的。文本说什么是一件事,而随之而来或不来的行动是另一件事。但在我看来,某些种类的档案确实是具有语效性的(perlocutionary)言语行为。如果你是一位法学教授或政府律师,
101 你写了这份备忘录,你的职分是授予酷刑以合法性,那么你就不仅是在书写一个文本,你的书写不再是一件简单的事。文本是一件带着后果的言语行为,而后果在某些特定情况下会被放大;也

就是说，有政府寻求酷刑在法律上的正当性，而你在专业上有资格来判断如何解读相关的法律文本和法规。我不明白我们怎么可以说酷刑是错误的，而那份档案却判定它不是错的。

罗斯：我不是在讲“虐俘档案”无错。但问题是，酷刑和针对这些档案的阅读技巧，不如制造酷刑的政治命令重要。我认为，要力图消减政府批准酷刑的可能性，最重要的不是掌握我们所赞成的那种阅读方式。

巴特勒：我认为问题不在于阅读技巧。我想一种阅读技巧会带来正反两种效果，或者可以服务于不同的意图。我认为阅读伦理学在于我们为谁而读，为什么而读，为服务于何种世界而读。或许我们确实需要追问，酷刑始于何处又终于何处。我们可以是实证主义者，说它始于动手给人痛苦之时，但它在制度和文化上确实有史可究。我们的角色，要么是为其合法性煽风点火，要么是打压它。

罗斯：假如我们只说它是一种阅读的政治而非阅读伦理学呢？假如我们说“虐俘档案”中的阅读政治是邪恶的呢？

理查德·桑尼特：对这份档案的接受，恰是问题所在。我们想让读者更具怀疑精神，由此使他们更敏感地意识到，他们需要更娴熟地识破技巧或抽象的语言。阅读的政治，显然在于俾使读者破译往往隐藏于语言机巧背后的东西。这是一种必须去学习的技能。这个问题在于，你是否能给人们权力，使他们的阅读更具批判性，尤其在这个倾向于信任专家意见的国家。

102 **罗斯：** 我认为这夸大了我们作为教师指导阅读的重要性。

乔纳森·李尔： 我要为朱迪斯的观点提供一则轶事。在耶鲁作为一个新人，我曾试着加入《耶鲁每日新闻》(*Yale Daily News*)，而我的第一个任务是报道一家兄弟会入会仪式中所谓的身体印记。我给那家兄弟会的会长打电话，他的名字叫乔治·W. 布什。显然，我那时不知道我采访的是未来的美国总统。实际上，我把这事儿忘得一干二净，直到乔治·W. 布什竞选总统，《纽黑文记事报》有位记者联系我，问我是否写过那篇文章。我拿到那篇文章的副本，发现它在两个方面不可思议。第一，布什那时说了他余下生涯都在说的话，大约是，"没你想得那么坏"。但第二点就真的引人注目了，我曾引用某个副院长说的一段话，他说，事实上，男孩终是男孩，而耶鲁会让他们自己解决问题。这认可了我们刚才所讨论的行为，这种认可是欠考虑的。假如那位院长以愤慨回应这个话题，要求对此行为展开公共谈话呢？历史会产生怎样的不同？假如布什的教育曾包含这样的介入呢？顺便说，这位院长很可能也是喜爱阅读之人，就人文学科的价值可以发表精彩的演讲。

乔纳森·阿拉克：对于政治与细读或分析型阅读（analytic reading）实践这一问题，相关交流令我震动，我还想提供一个历史的视角。对此番谈话来说，20世纪20年代具有基础性的意义，而彼时理查兹（I. A. Richards）作品的主题之一是人们广为相信，民众的感情被宣传所操控，在某种程度上导致了第一次世界大战的恐怖。理查兹的作品激发了这样的信念，即阅读一方面使某人战胜日常情感，趋于诗性，另一方面能使她批判性地阅读和听闻舆论。批判性阅读这一运动发展于20世纪30年代，其动机之一是实践美国新批评派的主张，捍卫文学的自主性，抵抗对文学的操控——起初的操控者是共产党阵营的作家和批评家，但随后是法西斯主义，正如肯尼斯·伯克（Kenneth Burke）1939年的文章《希特勒"战斗"的修辞学》（*The Rhetoric of Hitler's "Battle"*）所揭示。[1]其后数十年，关于越南战争，我们继续强调真正的分析式细读能使你看穿欺骗。因此，在某种意义上，解构发生于对尼克松录音带那18分钟空白的反应中。这不算是一种彻底的历史视角，但确实，那些细致分析文学作品、进行人文阅读的人曾说， 103
将近一个世纪以来，我们的工作关涉公共话语如何发挥作用。当然，这些看法和洞察力未能阻止第二次世界大战或后续其他冲突和非正义的发生。我相信，我们仍在考虑，这是提出主张的正确路径吗？在我们当下的谈话中，是否可以将伦理式阅读与其前身区分开来？

德里克·阿特里奇：我没有答案，只有一个想法，且并非我首创，而是来自库切（J. M. Coetzee）所写的《凶年纪事》（*Diary of a Bad Year*）。书中具有自传色彩的角色JC问他自己，美国政治家如何以那样一种狡猾、绕弯和操控性的方式来使用语言，JC归纳说，这也许是因为他们受教于20世纪六七十年代的课堂，解构主义者和后结构主义者告诉他们，语言是滑动的，没有所谓的真正意思。我不确定是库切还是我会接受这一观点，但这是一个不同的视角。现在追问阅读伦理学可以是什么，这也许是我们在更加严苛地思考，我们对语言和阐释的理解将带来政治后果。

旁听者提问：我想建议我们抛开概念，与其探讨阅读伦理学，也许更应该探讨伦理学的可读性。单单从文学分析的视角来看待问题，我们远观近来的一些哲学家，他们为了研究伦理学，恰恰转向了文学。这些人里，我想到的是斯坦利·卡维尔、理查德·罗蒂（Richard Rorty）、玛莎·娜斯鲍姆（Martha Nussbaum）、罗伯特·皮平（Robert Pippin）。

在我看来，阅读的关键在于伦理学本身所要求的东西和阅读是一样的。因此这不像是我们骤然把伦理学引入阅读，去拯救学科或我们的身份，却像是我们力图强调我们应该如何从事伦理研究，而非我们应该如何从事阅读。

威廉姆·杰尔马诺：在库珀联盟，我们的学生在学习时大概可以选修一门或两门课程，比如机械工程或建筑学，这对人文教育的开展而言，确实提升了赌注。文学不是你的专业，而你只接受一门或两门课程，在这种语境下，我和学生们一起阅读文学，因为这些书展现了有待分析的问题。《奥赛罗》展现问题。我知道它粗野，但我对参与的学生们说，他们将选择人文学科方面的课 104
程，其间我们不会解决既有的问题，但我们会学习如何思考它们，而我认为，学习如何思考文本所摆出的问题的工具，将陪伴这些学生一辈子。

金姆·莱恩·谢佩勒：我想评论的是，"虐俘档案"的问题是否在于书写、阅读或行事。恰如帕特丽夏·威廉姆斯的文章所说，以法律构架事物会带来后果。某事物一旦被贴上法律标签，成为法规，那么其行事就随此标签而涌动。

下面的语句来自布什政府治下形成的一份"虐俘档案"。这份备忘录指明了审问者可以对阿布·朱贝达（Abu Zubaydah）做什么，此人是沙特阿拉伯籍囚犯，因被美国怀疑与“基地”组织有牵涉而被关押。这份备忘录准许水刑，但也响应了审问者们摆出的一个特殊问题，即他们了解到阿布·朱贝达害怕虫子。他们向司法部寻求法律意见，是否可以将这位囚犯关入装有虫子的牢房里。律师们是这么说的：

> 按我们的理解，你们计划通知朱贝达，你们打算把一只叮人的虫子放入牢房，但你们实际上会放入一只无害的虫子，比如毛毛虫。如果你们这样做了，你们要确保在“基础行为要求”(predicate act requirement)之外，必须通知他，虫子不会叮人，不会造成死亡或严重伤痛。不过，如果你们在没有通知他的情况下就将虫子放入牢房，那么为了不造成“基础行为”，你们不要明确地让他相信当时放入牢房的虫子会叮人，会造成严重的疼痛或伤害，甚至致人死亡。

稍后的一段被编订过，备忘录继续写道：

> 只要你们采取了我们刚才所描述的任何一种做法，将虫子放入牢房就不会构成危险，不足以让一个处于他那般境地的理智之人感到受苦受痛。[2]

我要就此说两点。第一，此处语言的特殊性产生了它的效果。这种语言的特殊性使人们相信这个行为是合法的，而且某些律师在考虑它，这也消减了执行此事的可怕，因为你先在书写/
阅读中将它过了一遍。第二，只要你记得乔治·奥威尔的小说 105
《1984》中的温斯顿、101号房间和耗子，你就能理解问题在哪里，因为这个场景如出一辙。你会奇怪，人们在看这份备忘录时，怎么能不想起《1984》——书中的审问者发现温斯顿·史密斯害怕耗子。不能联系到我们当下文学中最富标志性的恐怖，这本身就令人恐惧。

罗斯： 如果你发现那份备忘录的作者是学的《1984》，那么恐怖是更多还是更少？如果他们是更好的读者，他们是更容易还是更不会成为施虐者？我想，我所表达的是，我不太相信教人阅
读能切实减少虐待。 106

第三部分

人文学科与人权

另一个人的呼告

乔纳森·李尔

我们至少有可能从第三人称的视角来看待他人，看到他们的生活境况——他们的贫困程度、营养不良，或环境卫生，他们受到虐待或奴役——他们作为人的基本尊严受到侵犯。他们有权利被更好地对待，这一想法似乎触手可及。社会科学精致打磨的测量方法在此或许可以扮演无比重要的角色，既让我们精确地感觉到这些贫困的境遇包含了什么，又帮助我们看清哪些举措能带来显著的不同。我们因此可以制定出完备的社会政策。

但这种反应依赖于人们是否对人权被侵犯有一致理解，而这引出了三个问题。如果人们对人类尊严的界定存在很大分歧呢？抑或，人们意见一致，但这一认同却存有重大误解呢？又或者，人们观点一致，且这一认同聚焦于一个有价值的目标，但人们观念上的认可与他们的实际生活方式各行其是呢？在我看来，这每一种情况都意味着人文学科可以带来不同。我要略为叙说那 109
会是何种不同，并且想聚焦于第三种可能性，它会敞开一道沟壑，显示出我们眼中自己的生活与我们实际的生活有何差距。这是感觉迟钝的一种特殊形式，其间我们对不公的警觉和反对会转而有助于维持不公。

以人文学科的传统，我想给你们讲个特别的故事。1987年秋天，彼得·布鲁克斯是耶鲁惠特尼人文中心主任，我是那里的一个研究人员。那时例定每周五举行午餐会，席间研究者们呈示自己的工作进展，有一周威廉姆·克罗农（William Cronon）谈到如何书写西部史，其中有关土地和环境的叙述将被推到最显著的位置，背景则是人类的艰苦劳作。他顺而提及普兰提·库普思（Plenty Coups）* 酋长，克劳族最后一位伟大的酋长，对于迁入保留地之后的生活，酋长说："野牛离开之后，我族人的心坠到地上，我们再也无力提起我们的心。此后，什么都没发生。"我被这话语的力量震撼，但仅此而已。一段讨论之后，那次午餐会结束。

十五年之后，我和家人沿着密歇根湖散步，任思绪蔓延，不禁又想起了普兰提·库普思的话。这是一次令人惊诧的体验，因为我没有在思考什么具体的事。但突然涌现的并不只是这段话。它所展现的态度有特别之处：仿佛呼吁某种回应。我不清楚这种回应会是怎样——它高深莫测——但我感觉到，这段话找到了一个靶子，在当时的情况下，靶子就是我。我想，容易被另一个人

* "Plenty Coups"意为"众多成就"。——译者注

的话所震动,那一刻是一种审美感受,它至少有潜力打断我们熟悉的日常生活。

我买了普兰提·库普思的传记,发现那段话只出现于附录。这本书属于"口述笔录"类。作者弗兰克·林德曼(Frank Linderman)是一个白人,他住在蒙大拿州,是一位猎人和设陷阱捕兽者,后来成为普兰提·库普思的朋友。[1]这本书主要讲述了普兰提·库普思如何在其传统中成长的故事,他与苏族人斗争,狩猎,过游牧生活。但在附录里,林德曼说,他未能使普兰提·库普思谈论克劳族迁入保留地之后的生活。尽管再三追问,普兰提·库普思也只是重复那段话。作为一个精神分析学家,我着迷于不肯说出的话。但在此我没有兴趣去分析普兰提·库普思为何不情愿;我更想描绘发生在我身上的结晶(crystallization)过程。我没有特 110
别的兴趣要去写一本有关普兰提·库普思的书,但我确实想给予他些许回应。

于是我的书《激进的希望:面对文化灾难的伦理学》(*Radical Hope: Ethics in the Face of Cultural Devastation*)问世了。[2]我主要想告诉你们该书出版之后发生了什么,但也许恰是人文学科与普兰提·库普思那段话的交集引起了这些余波。假如我从事社会科学,我可能有压力去决断实际发生了什么,去记录、分析和传递可用的数据。可是我想要写一篇文章,论述普兰提·库普思那段话**也许**有何深意。也许他是在见证俗世的崩塌?如果是这样,这场见证包含了什么？事实上，我曾想张大一种具有想象力的可能性。这不意味着我可以一味粉饰。我想让我对普兰提·库普思的访查受制于所有关于他、克劳族、平原印第安人，以及那个时期西部历史的已知事实。因此我花数年时间沉浸于美洲原住民研究和西部历史；我多次访问克劳族保留地，与任何愿意和我说话的人交谈；我徒步穿越普兰提·库普思曾描述过的地带，进入曾让他产生幻象的克瑞兹山脉（Crazy Mountains）*，并去往他战斗过的地方。但我从未想过自己会越出他本来的意味。（当然，克尔凯郭尔告诉我们，由于信仰骑士或无限弃绝骑士，我们永远无法基于可获取的经验证据而获知我们是否与某人一同在场。）关键在于：如果某人可以成功地张大一种具有想象力的可能性，它就能深刻影响我们的生活方式。因为我们的生活不仅形塑于我们眼中的事实，还来自我们对可能性的感知。一旦一种具有想象力的可能性被敞开，它便有潜力成为一种实用的必需品。

《激进的希望》出版之后——这绝对是我生活中的后现代事件——我被邀请去克劳族保留地进行访谈。克劳族人也读了这本书，并希望谈谈它。我的任务是聚集小大角学院的教员、院长和学生。我的人文学科背景，正是促成此事的关键。我告诉他

* “Crazy Mountains”又译“疯狂山脉”。——译者注

们，首先，我不是研究普兰提·库普思的专家，我不过是与大家分享我的感觉，感觉他的深意以及这深意为何重要，不仅对克劳族重要，对我们所有人亦如是。第二，我说我在那里绝对不是研究他们。你们都能想见，克劳族既疲于被人研究，也警惕被人研究。 111

始于那天的谈话持续了下去。部落里许多长者邀请我再来，继续与他们交谈。因此我大概在一年内回去了四次，每次整天围着桌子讨论或者徒步进山，谈论他们面临的问题。克劳族朋友们也来芝加哥拜访我。其中一位曾梦见我们的讨论小组被命名为“医治梦想”（Medicine Dream），于是我们就叫医治梦想。而且我们在谈话中结为了“我们”，这始于并延续于我们对普兰提·库普思那段话的共同感受。有两位成员将我纳入他们的家庭，成为他们的兄弟，因此我如今在克劳族也有个大家庭。我们交谈，比如谈论水的意义：水对他们如何神圣，天然泉水怎样受到采矿项目的威胁，向年轻一辈传递水的神圣意味多么困难。八月的一天，我和家人在狼山（Wolf Mountains）住着，我的克劳族朋友们不告而来，上门来吃饭聊天。

在一次次谈话和建立关系的过程中，我对克劳族遭遇的理解发生了转变。我如何感受自己涉足其间，亦有变化。当我开始写作时，我认为克劳族遭受过灾难性的创伤，如今生活在创伤的历史的余波之中。如今我认为创伤仍存留于当下。不妨思考，例如，“它对克劳族还意味着什么？”即便在一个具有同情心的局外人眼中,也是如此容易在超我的声调中听取这个问题。我们听成,它在问目前住在保留地的克劳族如何还可能依照传统的克劳族观念去生活。这听起来是一个迟到的问题。但在与克劳族的交谈中,我开始以不同的眼光看待这个问题。这个问题恰是他们生活的关键,不应由一种超我的声音来发问。它更应属于一种反讽的声调——一种完全认真的反讽,提出“如何做到”。这传达了一种根本性的焦虑,这种焦虑给他们的生活打下烙印。他们关切的,不在于他们辜负了一种如今已不可能实现的理想;而在于如今已不再有理想可供辜负。问题根本不是为时已晚;而是一种困惑,即“在当下”究竟意味着什么。精神分析模式适用于创伤的代际传递。大灾难之后的六代人,创伤仍存于他们的生活中,造成当前世代的精神和文化伤害。

如果没有人文学科和人际关系那标志性的阐释性路径,我不知道自己如何能看到这些,而人文学科和人际关系产生于对阐释性回应的分享。显然,当一种文化的形式因和目的因被毁
112 灭——我认为确实需要借助亚里士多德的范畴论来理解发生了什么——人们不该惊异于有那么多五花八门的表现形式被观测到:例如,贫穷,与教育的繁盛无缘,酗酒,甲基苯丙胺成瘾。这会鼓励一种幻觉,即在这份匮乏和伤害的目录中,无所遗漏。但清单所遗漏的是,这些显露出的可衡量之伤害,其肇源何在。是它摧毁了克劳族生活的形式因和目的因。捕捉这一伤害,既至关

重要，又异常棘手——它从不显现于可衡量之伤害的清单上，可它却多少能解释那份清单为何会存在。

它至关重要，因为人如果不能在一定程度上把握那种损失，便无法哀悼它，也无法打造出一种恰当的回应。你可以坚持尝试去宣示这种损失——例如，在学校里坚持改进阅读技巧——但这种损失自身依然坚挺。它棘手，因为此处虽然有文化的创伤，但这种创伤与持有此文化的个体所遭受的心理创伤之间却没有一一对应的关系。人们不能直接推断个体的心理状态。某一文化的持有者会以各种各样的方式来应对该文化所遭受的重创：有人会舍弃这种文化，试图采纳主流文化；另一些人会坚持传统道路，知其不可而为之；有人会拥有大家庭，而有人放弃家庭；有人会沮丧，有人焦虑，还有人试图表现得若无其事。

而损失则必得显示出它的心理影响。因为参与者的行动关键地构成了生活的形式，而这些行动必然有心理上的表现。这例证了一条基础性的真理，即人们通常会说他们正在做什么。因此，如果这种文化在行动上发生了崩溃，那么参与者的实际理解必会出现相应的崩溃。在这一层次上，似乎是语言的实践理性，而非心理学上的诊断，最为适用。如果一种文化的形式因和目的因被毁灭，那么参与者实际的自我理解也必会崩塌。

以一种有趣的方式，我慢慢回头琢磨普兰提·库普思的话。《激进的希望》关乎普兰提·库普思的诉求，“此后，什么都没发

生”，但现在因为那些克劳族的朋友，我更聚焦于“我族人的心坠
113 到地上，**我们再也无力提起我们的心**”。这不仅是个隐喻，也不单是从心理上描述个人之心痛；它意在传达一种降临在他们头上的实际伤害：无力再度提起自己的心。如我现在所理解的，这种无力便是无法投身于一种形式因和目的因，因为没有什么像是能“提心”的选项。

我不知道这个故事是否有开头、中间和结尾。但我将以一段小插曲作结。在《激进的希望》的结尾，我谈到克劳族需要一批新生代诗人。这些话与一位年轻的克劳族诗人、小说家产生了共鸣，他申请完芝加哥大学社会思想委员会，刚被录取。实际上，他在过去的几年里和我们一起研究，不久将开始基础考试。斯科特（Scott）所成长的家庭是“医治梦想”的成员，而他自己也加入了这个团队。他现在是我们某个本科生学院的宿舍长。他和深深着迷于美洲原住民事务的马克·佩恩（Mark Payne），一位同在思想委员会的古典学者，以及我，组成了“医治梦想”的芝加哥分部。马克是个厉害的语言学家，他和斯科特在芝加哥大学里研究克劳族。与保留地的克劳族朋友及家庭一起，我们从华盛顿美国印第安人博物馆和芝加哥菲尔德自然历史博物馆的地下室里发掘出了一千页未刊手稿。它们是由博物馆负责人和人类学家在保留地制度初期探访克劳族时写下的。他们的目标是购买手工制品以作馆藏，但他们借此记录了大量口述史，包括保留地当时

的生活、对前保留地时期的记忆、克劳族祈神的过程。我们三个人在过去的两年里每周见面，逐字逐句通读那些手稿，因为它似乎是古老的文本。斯科特能从这些未刊的文本中读到他自己的祖先和他朋友们的祖先，他可以思索主流文化的成员们如何在百年前开始掌控他族人生活的变迁。我们将这些尽数带回医治梦想小组，以进一步讨论保留地问题。这是一个集体的努力，由此克劳族开始为自己而表达。这最终将走向何处，我无法预测。也许它会逐渐消逝，也许斯科特会找与克劳族和印第安身份无关的其他事儿来做。我希望他能找到兴旺之路，而我对这路径并没有具体的设想。 114

但我已然深信，如果有朝一日可以妥当地应对主流文化加诸克劳族的伤害，它将不会止步于纠正可衡量之错误这一个维度，而是回应以诗性，不仅重燃克劳族的想象力，还能成功地引起我们主流文化成员的灵魂共鸣。我们都知道，极端迫害原住民是美国历史的一个污点，但有一个严肃的问题是，对那段历史的熟稔会怎样导致其麻木昏聩。当然，就我个人而言，在沉迷于普兰提·库普思那段话之前，我以为自己至少理解那段历史和美国印第安人的困境。如今我认为，那种所谓的理解导致我有了一种不知不觉的自以为是。我们需要被一种诗意的话语唤醒。显然，要说出它如何形成是不容易的。我们都很熟悉，不少例子证明宣传式的小说往往令人无动于衷。然而，我们还知道，在某些时刻，我们仍会震动、面对、纠缠于另一个人的话语，它既将我们从自我中剥离，又将我们引向自己的人性和他人的人性。在我看来，通过这种方式，人文学科的多种声音可以扮演一个关键的角色，有助
115 于我们领会人权所遭受的严重侵害。

论人文学科与人权

保罗·W.卡恩

我在一所法学院任教，周围的同事多将自己理解为社会科学家。他们致力于探究经济学、心理学、历史，以及行政管理。他们的工作往往始于收集在形式上可测量的数据，然后他们使用此数据来制定可检验的假说。他们工作的志向是提出法律改革。对于这些法律社会科学家来说，典型的人权调查是收集数据来探讨签署协议与国家行为之间有无关系。如果没有关系，抑或有关系又不知如何加强，那么改革之志就会告诉我们应该做些什么。当然，我不是那栋楼里唯一的人文学者，但我们都痛苦地怀疑自己只是装饰物：我们被接纳，是为了让学院更能吸引校园里的其他人。

我的同事们频频问我："有什么证据能支撑你所主张的法律本质或法律想象？"他们期望我举出调查数据，或是设计出社会心理学实验。除此，我们怎么还能"知道"人们在想什么？我回答说，人们没有理由在测验和电影之间选择前者，我们通过

116 观察人们想象力的产物来了解他们的想法，书籍、诗歌、电影、政治修辞、司法意见、表演，以及实践。我辩称，我的主张所需的证据全在这里。不过，要理解这一点，你必须放弃测量，采用阐释。

往往，我的工作手段是持续接触文本，如《马伯里诉麦迪逊案判决书》(*Marbury v. Madison*)、《李尔王》、《创世记》，或卡尔·施密特的《政治神学》(*Political Theology*)。我的社会科学家朋友们无法理解这怎么可以成为一条研究现代法律或政治的有用之路。当我告诉他们，我并不是想要发掘这些文本的作者在想什么时，他们就更困惑了。在我自己有关政治神学的书里，我是这么做的：我不是在试图探究施密特，而是与施密特一起思考。当我声称不要在意施密特的观点时，我的同事们完全看不出我的工作如何是一种阐释。他们认为，缺乏探究的对象——某种客观之物——就无法测量一个命题的真假。在此他们是对的：真理不是某种可测量之物，它们无法脱离于阐释，正如美不能脱离艺术品。一个阐释只能由另一个阐释来满足。

我所说的"与……一起思考"是人文学科一直以来的教学内容。它是一种对话，其目标不是发掘撰著者的意图，而是创造某种新东西：阐释。如果我的作品中有任何意外之物，它仅在于我工作的出发点和我从事的主题。我探寻了那样一套信念、实践、期望和思维习惯，它们创造和维持着理解力的地平线——社会想象——法律正是在此之内发挥作用。我对法规内容的关注要少于这些规定运转其间的意义世界。这些探究将我引向社会科学家们不曾注目的政治体验方面——例如，主权和牺牲，还有爱与信仰。在我的同事眼中，这个方法意义殊微。

争论由此走向了社会科学与人文学科之分野的核心要义。此区分颇为紧迫——不仅在于我们要问什么以及如何回答，它还关涉我们在反思这个探究过程时对自己有何了解。这是此文接下来要聚焦的第二点，因为我想人文主义的探究也许有助于我们完善人权法的根基。

有一种观点似乎是这么来考虑人权法与人文学科之关系
的：读一部小说或看一部电影，会使我们生发出对异己者的同
情。我们看到了自家之外的人，以及在政治、种族、信仰方面不属 117
于我们社群的人。我们认识到大家拥有相同的抱负、关注点和价值观。他们也有孩子、父母和朋友；他们也在与权力和奴役展开抗争。他们的胜利和挫败与我们大同小异。最重要的是，我们认识到，他们的痛苦，我们也时时品尝。痛苦是世界通行货币，它超越了其他所有分组方式：我们作为个体承受痛苦。在这些想象性的作品中面对他人的痛苦，我们认识到所有人都值得我们同情，而这种同情派生出对人权的敬意。

有时，这种主张被包装为一种历史叙事，展望现时代新形式的审美生产。人们力图将人权法上溯至18世纪由新的想象性作

品而培养出的敏感性。一种全球性的法律秩序传达了道德的法制化，而这在文艺作品中早已上演。我认为这种观点意义不大，至少在其历史化的形式上是如此。它过多地借用了文明演化的老套故事。它将脸书征召入卢梭等人的事业。更重要的是，我们不必非得等待现代小说来面对普世的同情心。这个观念和西方一样古老。它早已呈现于《创世记》。这是基督教的精神。当卡萨斯（Las Casas）与塞普尔维达（Sepúlveda）为如何看待印第安人而辩论时，*这个观念便在那里了。

问题是，普世同情心的观念从不是被推行的唯一价值。我们的道德史很复杂，因为我们的价值观和信念并非全然服从于某种举世公认的单一指导原则。基督教不只是一种爱的叙述，它还关乎献身。我们不能说这种博爱的信仰是否带给我们更多的和平而不是战争。美国19世纪的情感倾向，即便是在大学毕业生中，也会引领我们在家国内外都追随天定命运观。20世纪早期的欧洲人对这些价值观的敬意并无二致，他们欣然将两代年轻人献与了屠杀。在一个以阶层、性别和财富来划分的社会，跻身责任和权力之位，对我们人文学科的毕业生而言，从来不是困难的

* 1550年和1551年，在西班牙召开了两次大型辩论会，辩论的主要对手是塞普尔维达和拉斯·卡萨斯。前者认为：印第安人犯有偶像崇拜的严重罪行，他们智力低下，是天生的野蛮人和奴隶，互相残杀，用活人祭祀，甚至吃人肉，西班牙人有义务拯救受害者。而后者的观点是：惩罚一个陷入迷途的民族是为了教育这个民族，而不是毁灭它，战争不会使美洲的印第安人明白自身的谬误，只会增加仇恨。相比用活人祭祀，战争是更大的罪恶。——译者注

事。人文学科的训练，长期以来似乎既支撑了吉姆·克劳法（Jim Crow laws）[*]，又维持了劳工阶层的次要地位。而最近，我们的人文学科毕业生跻身全球金融界也不是什么大难题。他们或许会捍卫人权，即便他们受惠于那触目惊心的不平等，而正是这种不 118
平等造成人权一直处于被侵犯状态。他们到底从我们这里学到了什么？

问题不在于人文学科对文本的研究忽视了认知和人格的价值。而是，这些文本中没有单一的信息。从定义而言，伟大作品在道德上几乎就是复杂的。在西方想象的中心，不只有和平的爱之王国，还有因爱之名的牺牲。包容从来不是没有边界的，故此它不可避免地关联着排斥。暴力既在创造意义，也在制定法律。当代的文艺作品频频提问，问我们为了爱会付出什么？当我们读到暴力以牺牲的面目出现时，我们开始领略现代与政治想象的复杂特质。

美国的法律想象，正如我们的许多美学创造，占据了一片理性与爱、法律与暴力的空间。这是一个政治实践的领域，其中往往可能出现牺牲。我们的基本叙事（basic narrative）为我们提供了法律——《宪法》——就像人民主权（popular sovereign）起初是牺牲型暴力行为——革命的产物。每当我们想象那种为了法

---

* 吉姆·克劳法泛指1876年至1965年间美国南部各州以及边境各州对有色人种（主要针对非洲裔美国人，但同时也包含其他族群）实行种族隔离制度的法律。——译者注

律而牺牲的行为，这个结构就会被再造。

人文学科能够也应该探寻法律从我们对集体身份的表述中获得意义的复杂路径。要展开这一探究，唯有阐释想象性的作品。然而，我们不应假设这样的探究必使我们或学生们倡导人权法。其实，我认为更可能发生的是反面：我们将更能理解人权法为何在美国的法律中牵拉力这么小。探究人民主权和法律之间的关系，我们将更能理解，对大多数（即便不是全部）公民来说，国际法，包括人权法为何看起来完全不像真正的法律。用最简单的话来说，美国人不准备为这项法律而牺牲。一项不能令人牺牲的法，缺乏与人民主权的关联，看起来压根不是法。由此产生诸多美国例外论（American exceptionalism），包括我们偏向公民权胜过人权。换言之：人权法展望一个没有暴力的世界，但这个世界不给牺牲以一席之地。无论如何看待这一政治理想，人文学科都不会使我们离开有关牺牲的想象。

而我，作为一个怀疑主义者，关注任何有关人文研究将导引我们从例外论走向普遍论，从牺牲走向契约的主张。但是，这并非故事的结局。因为，人文学科不似社会科学，它让我们采
119 取一种自我反思的态度。关于我们自己，阐释行为可以告诉我们什么？既然人文学科不能轻易使我们从公民权利转向人权，也许它们可以为我们提供一种思考方法，由此为人权信念奠定基础。

人权法长久以来为畏惧所萦绕，由于共同信仰的缺席，这份事业缺乏妥当应对怀疑主义者的根基。从业者趋于依赖制定法（positive law），但这对那个拒绝协定的国家几乎是无效的——美国拒绝了许多协定。捍卫者们强调，当世界上各种主要信仰的信徒携手合作时，人权浮现。这表面上似有可议，却难以覆盖那些不信宗教只在意政治的人，或是对信仰的理解与众不同的人。我认为，将人权法立基于对他人痛苦的同情，无法像政治性想象重视牺牲那样长期行之有效。那还剩下什么？

从事人文学科的人，在劳作中一直面对着一个迷局：在我们所知与我们所创之间有一道沟壑。绘画或写小说时，没有公式可遵循。没有规则可应用。创造不是制造。这导致了某种存在主义的焦虑。因为艺术家不能解释她如何制造出自己之前的作品，她永远不知道自己是否还能再来一次。她看待她自己的作品时，带着与你我一样的惊奇，因为她不能提出占有权。她更可能说的是，作品占有了她。我们谈论写作者的障碍，而这其实是所有艺术的共同体验。

对创作物的惊奇感是人文作品的特性。我认为，这是我们真正力图教给学生的：在创作物的力量前，保持某种谦卑，这种力量经由主题而揭示，但不为主题所占据。我们教学生这些，是通过直接要求学生担起创作的任务，因为阐释的过程不啻为一个创造性的行为，不亚于创造文艺作品。每个创造性的作品都是一个阐释，而每个阐释都是一件创作物。

当我被要求阐释某件作品，我不知道要说什么，直到我说出了它。我无法运用一个规则；我不能只让作品自己言说。我应该投身于一种交谈。我以此思考。在任何交谈中，我都坚持敞开未来，暴露自己，准备冒险。最大的风险是沉默；令人惊讶的是，某些东西在其生成之前是难以想象的。易言之，人文学科并不将
120 创作物视作研究对象；它们本身就是一个创作过程。

这是我们为何在教学中往往要求学生比较两部作品的原因：这个作业要求学生创造出新东西。将文本置于共同的空间是一项创造行为，而学生必须说出一些新东西。他不能查阅答案，不能仅仅重复文本的内容。那里没有什么要发现的；而是要造出一个共同的世界。学生必须使作品对此一世界言说，但他们唯一的凭借是与文本的对话。

体验自由的自我，就是体验共同世界的创造。一旦我们开始创造/言说，就根本没有尽头。每个文本都为这种无尽的对话创造着可能性。我们不要求这个对话一定要带来进步；而是问它是否还有趣。对话本身从无止境，但它有结尾，因为我们无法在实体上一直延续。于是我们了解到灵魂之上肉身的重量——亦即，我们体验到也有一条鸿沟横亘于我们的有限性与我们的自由自我之间。

创造和阐释都是自由行为。这不是无拘无束意义上的自由，

而是摆脱了因果解释的自由。因此,它们超出了社会科学家的能力范围。社会科学家对事实的要求,使他隔离于他所研究的这个世界。人文学科的职责就是越过这道隔离线,唯此才能体现一个阐释出的真理离不开阐释的行为。这也就是我前面说的,一个阐释只能由另一个阐释来满足。

自由创造力的体验,直指“我们是谁”的核心,但它保持神秘,它离神圣如此之近,而对我们许多人而言也触手可及。人们曾经通过言说缪斯、灵感或神恩来解释它。当我们注视任何一部伟大作品时,我们无法想象艺术家是如何完成它的。毋宁说,我们可以想象,但无法解释。我们能够想象,因为我们不断地以自己的方式来探索自己的自由。莎士比亚是一个谜,但我也可以写我的小文章。我现在不知道如何回答面前的问题,但我行动,同时坚信我们的投入会给这个世界带来新东西。其实,它将再造这个世界,因为每一次对话都将提供一个新的起点来俯瞰整体。这个信念的精义就是,每个人都立于相同的创造之谜中,这值得我们尊重。

如果我们将此放在心上,如果我们将此教与学生,我们或许
就有根基去相信普遍尊严。在此,我们可以开始定位尊严之理 121
念,它不在于同情那些受苦的肉身。为替代肉体的痛苦,我们寻找一种自我超越的体验。连接尊严与自由、自由与创造,就是恢复人权与革命的联系。也许,我们会将此视作人文学科对革命的

读解，它不等待惊人的政治事件，而是提醒我们，同样的自由想象在每一次散乱的交流中都发挥着作用。人文学科不太会改变我们的政治信念和实践，但人文学科的思考方式却更能告诉我们，
122 为何每个人都值得我们尊重。

回应与讨论

金姆·莱恩·谢佩勒

人文学科的战术：人权与人文学科

乔纳森·李尔提醒我们注意聆听他人，与他人共坐，一起阅读——人文活动的阐释性时刻。他呼吁我们关注认可、尊严、人权。保罗·卡恩让我们想起，法律作为一种阐释性的、基于文本的事业，怎样立于国家权力和它自身的效果之间。他呼吁我们关注阐释、躲避、对抗，以及传统和人权的复杂性。根本上，我认同他们的文章。这两篇文章都令我们以更广阔的视野来了解人文学科如何扩展我们的人权概念。

人权的目标是确保所有人，一个个的，以及相互协作的，都拥有自我主导（self-authorship）的可能性。因为这不仅是免于凌虐，不仅是自由权或言论自由，不仅是对确保人权而言至关重要的投票权，所有这些，目标都是确保个体的尊严，由此扩展他们自

123 我主导的能力和可能性。

为了表明自我主导意味着什么，本着讲故事的精神（这可以理解为人文学科的方法），我想要观察人们在自身尊严遭到侵犯、人权被限制时所采取的战术。有些例子显示了人文学科如何创造可能性以反抗强权。

在侵犯人权的政治环境里，我们可以看到我所谓的人文学科的战术（humanistic tactics）在反抗者中间具有核心性。反抗者们使用反讽、模仿和多义性（multivalence）。他们站立于国家权力与其效果之间的阐释性空间。反抗者常常屈服于压制，但伴有星号或省略号，表明它在不同的阐释群体中有不同的读解。文学知识——阅读的策略，阐释的文化——在这种语境中对自我主导至关重要，特别是当其他资源难以获取时。一般而言，但尤其是在明显缺乏人权的政治环境里，人文学科的战术也许是人类尊严最后的避难所。

让我用苏联时代的一些例子来说明这种反抗，因为它或许提供了最清晰的案例。谢尔盖·乌夏金（Serguei Oushakine）曾指出，在苏联，反抗者们常常采取他所谓的“模仿式反抗”（mimetic resistance）。[1]在一个实行审查制度的政治中，公开批评国家几乎是不可能的，但人们恰恰引用国家法律来反击。异见分子会在脖子上戴着写有“尊重宪法”的指示牌，或者引用苏联宪法的第2条：“苏维埃社会主义共和国联盟（USSR）的一切权力属于人民。”他们会穿戴着这些口号站在街角，问题就成了国家要干什么？引用国家的话语来反击怎会是非法的呢？但是这些话由一个不同的声音说出，当然别有意味。法律系统无法解决这个难题。法律没有反讽之意；法律不会逗乐。

在那个时代的波兰，脍炙人口的读物是哈谢克（Jaroslav Hašek）的小说《好兵帅克》（*The Good Soldier Švejk*）。[2]这部完成于第一次世界大战之后的小说，以倒霉的帅克为主人公，他时常提醒读者，他是个如假包换的白痴。当战争爆发，帅克为哈布斯堡服兵役，声明他对帝国的忠诚。但帅克，如其所示，是个如假包换的白痴。因此他每次保证要做有用的人，却无一不把工作搞砸，妨碍军队的计划，他终究成为令国家屈膝投降的人。但他这样做的同时，也表明自己忠于国家。假如帅克故意要破坏哈布斯堡军队，他的所作所为绝对胜任。他的言行一再南辕北辙。故 124
而，在小说的开头，他在即将开战时被关入监牢，和几个人围桌而坐，当其他人都心烦意乱时，他说：

> “咱们全是一团糟……你们说你们——或者随便咱们谁——都不会倒霉的，可是你们错了。国家要警察干什么的？还不就是惩治咱们这些嚼舌根子的。”[3]

一位狱友抗议，坚称自己无辜，帅克回应说：

> “耶稣基督也是无辜的……他们还不是把他钉上了十字架。任何地方都没人操心一个人是否无辜。笑嘻嘻地承受，把活儿干完（Maul halten und weiter dienen）——就像过去在军队里他们告诉我们的。这是最棒最妙的事儿。”[4]

在一个强权的语境中，正如在波兰被称为“帅克学家”（Švejkologists）的一些异见分子，他们引用这话的意图何在？在哈谢克的小说里，你确实无法真正得知帅克究竟是个如假包换的白痴还是个反抗者。

在捷克共和国——彼时的捷克斯洛伐克——有一个女性主义摇滚乐队名叫“Zuby Nehty”，意为“竭尽全力”。[5]她们实际上是捷克斯洛伐克当时唯一的女性摇滚乐队。她们遵从国家法规，当时规定艺术家写歌若要公开发表或表演，要将歌词提交政府批准。“Zuby Nehty”一开始写的歌词暗黑反抗，当然被审查者抛弃。乐队很快意识到审查制度的局限所在，于是尝试改变。她们交上一首名为《让我们欢庆》（Let Us Rejoice）的合唱歌曲：

> 让我们欢庆让我们作乐。
> 让我们的快乐永恒。
> 让我们的快乐不休。

政府看不出这歌词的问题，于是这首歌在审查者那里一帆风顺。然后，当这首歌真的问世时，它被设定为葬礼音乐，以阴沉的小调写就。审查者无计可施，但它意味明晰——在那种语境里——有着言外之意。

在匈牙利，伊斯特万·厄尔凯尼（István Őrkény）以其一分钟左右的极短故事而闻名，尤其是《民意测验》这篇。下面这些能让你惹上麻烦吗？ 125

民意测验

你对当前体制的看法是？

（A）好。

（B）坏。

（C）不好也不坏，但可以再好一点点。

（D）我想去维也纳。

你的哲学训练倾向于？

（A）马克思主义。

（B）反马克思主义。

（C）低俗小说。

（D）酗酒。[6]

厄尔凯尼所做的就是摆出问题。没有陈示任何反国家的言论，不过……

在人文学科的战术中，你见到的是创造性、尊严、幽默，以及人们在国家竭力关闭的空间里互相扶持，闪现人性。思考人权得以实现的条件，我们可以考虑人文学科的这一贡献，它们为我们带来一系列强有力的技法，用以阅读、思考、携手工作，构建阐释性的社群，理解我们彼此所言也许颇有深意，而国家却只能发觉其字面意思。这些是有力的战术，尤其是当一个国家力图阻挠自我主导的实现时。

迪迪埃·法桑

人文学科和人权的五个对应点

本场讨论的题目由两个概念构成："人文学科"和"人权"。在我读来，报告的两篇论文中，保罗·卡恩讨论的其实是第一个概念，**人文学科**，而乔纳森·李尔则启发我们反思第二个概念，**人权**。我的短评尽量勾连二者，然后稍稍拓展我们的讨论。

一方面，由于来自截然不同的智识和制度传统（我在法国主持全国委员会，它为"人文学科和社会科学"服务，更一般地说，那里的社会科学理论基础与人文学科关系亲善，福柯与布尔迪厄
126 在此相遇），我发现保罗·卡恩描述"社会科学与人文学科之间

的分殊”时很有趣，前者是实证而讲究形式的视角，后者则是阐释性、自反性的。不过，这颇为反讽。在公共领域中的相对边缘性，塑造了这两个学术世界的特质，因此我们不得不审思它们互相无视或去合法化（delegitimization）所带来的毁灭性后果。

另一方面，人权话语经常事关公共领域所捍卫的普遍原则（这是我担任无国界医生副主管时学到的经验，更普遍的是，从林·亨特到萨缪尔·莫恩*等人权史家也都有此观点），值得注意的是，乔纳森·李尔强有力的呼吁涉及如何与印第安克劳族进行私人而亲密的交往，最初通过一个文本，然后是去他们的保留地，最后埋首卷宗。但是，与所谓的其他人相比，他的追寻和研究更意味着他所概括的“发生在我身上的结晶过程”。这着实激发我们思考如何努力将人权带给世界，更多地诉说“我们”，更少谈论“他们”，而我们现在的思考却往往与之相反。

因此，社会科学如何能有助于团结这两组问题——人文学科与社会科学之间的紧张关系，人权在实现中所涉及的暧昧关系？用朱迪斯·巴特勒的话说，如果批评被理解为对自明之物的反观，我认为在人权方面，社会科学对人文学科的言论贡献可被构架为五点——毋宁说，针对自明之物的五个对应点。

首先，尽管人权与人道主义（humanitarianism）这两个概念常

---

* 塞缪尔·莫恩（Samuel Moyn），美国学者。著有《最后的乌托邦：历史中的人权》（*The Last Utopia: Human Rights in History*）。——译者注

被混用，连我们今天的讨论也是如此，但辨析二者依然是有帮助的。汉娜·阿伦特在《帝国主义》(*Imperialism*)中讨论了前者的终结，在《论革命》(*On Revolution*)中初步描述了后者，而人权和人道主义在法律和制度设置上的截然不同也表明，不论如何重叠，人权关乎尊严的捍卫，而人道主义关乎生命的拯救。这一差异，勾勒出理性与情感之间的微妙边界，具有政治和道德的意涵。

第二，鉴于对这两场平行的道德运动的重构往往要回溯至启蒙时代、苏格兰道德哲学、法国大革命、英国废奴运动、希腊独
127 立战争，有时甚至更久远，我们无疑应在双重的时间性中思考：一个持续甚久，提供了一套始于18世纪的观念和情感谱系；一个为时较短，使得人们二三十年来日益呼吁以人权和人道主义来评判社会的、政治的、军事的，当然还有道德的肇因和行动。这种分期应有助于更贴切地理解全球政治空间的新变化及其悖谬的后果，战争具有了人道主义，而人权被援引以污蔑少数族裔或宗教团体。

第三，人权和人道主义的世界，经常被认为一模一样地立基于道德哲学家所定义的共同之善，而社会学对话语和体系的研究则揭示出分歧、张力和冲突，想想吧，无论是类似达尔富尔种族灭绝这样的大屠杀，巴勒斯坦边界的侵权问题，干预利比亚的合法性，还是美国媒体针对乌干达圣灵抵抗军(LRA)领导者约瑟夫·科尼(Joseph Kony)展开的系列报道，莫不如此。人权和人

道主义的世界与其被视为一个两相情愿的国度，不如说是一个社会领域，带有严酷的竞争，不仅争夺私人捐款和公共资助的有限资源，还对目标和手段各执己见。

第四，尽管我们知道人权和人道主义都有特定的根源，并且由特殊的叙事写就，人类学却让我们承认非西方的传统——无论非洲、亚洲，还是中东社会——其他各种道德经济和道德主体的产物。不过，这种主张，并不意味着我们应该从文化冲突的角度重新开启道德相对论与其衰退之间的辩争。反之，它关切的不过是知识分子的认同，以及那个道德形态单一的世界所摆出的政治问题。

第五，对人权和人道主义的构想，充溢着雄心壮志，期望好人能出手捍卫和帮助他人。这是可以理解、值得赞扬的。但我们可以从政治的角度重新思考这个道德问题，不仅追问当我们使用这种语言时，益处何在，还要问损失何在。尤其是，标榜人权，往往明显伴随着社会公正在公共话语中的衰落，同样，呼吁人道主 128
义，也屡屡意味着某些声音的消失，他们只有通过慈善代言人来发声。这些政治损失也应被关注。

总而言之，批判性的思考，大概是我们都竭力以求的，它会变得更难，如果自明性关涉我们的道德感和我们对世界所负有的伦理义务——如果它挑战了康拉德小说《黑暗的心》中库尔兹的视野，他曾说“简单地用用我们的意志力，我们就能永远对他们行使一种几乎没有限制的权力”。[1]而正因为这种困难性，它就更不可或缺。

讨论环节3：人文学科与人权

查尔斯·拉莫尔：这个问题是给保罗·卡恩的。正如您可能想到的，您文章前面的陈述吸引了我，即当您从事阐释时，您不关心作者的意图。我认为这个陈述与您的结论之间存有不可忽视的紧张感，因为您后面谈到阐释的生产力和创造性，并把它与交谈相比较。

是什么塑造了一个好的交谈，使之更普遍，而不局限于一个文本？首先，让我们先看看坏的交谈所具有的两种特征。有一种坏的交谈，发生于人们仅仅翻来覆去地宣示他们已经相信的东西。在此没有任何生产力和创造性。在另一种坏的交谈中，每个人都自说自话、各行其是，也许对他或她自己来说具有创造性和生产力，但不去聆听其他人在说什么。许多真实的交谈往往落入其中一种。

在我看来，一个好的交谈在于每个人都能聆听，都尽力听取其他人真正在说什么，而不是只听取自己想听的。在这种努力中，人会被激发起来，敢于谈论以前不曾说过或想过的事物。因此交谈的生产力取决于专心聆听他人试图表达的想法，同时尽力把握发言者的意图。如果这是好的交谈普遍具有的标志,那么它为什么就不能适用于对文本的阐释呢,既然阐释文本也被视作交谈? 129

保罗·卡恩: 我不认为我们在此有多大分歧。当我说阐释的关键不单是讲清作者的意图时,我的意思是什么?我认为您刚才也说到了——关键在于双向交互的合作,一同创造出某些东西。你必须认真看待对方,你必须思索他们说的是什么。但这还不是终点和它本身的追求——这是交互作用过程的一部分。您举出的那两个病态型的交谈,正说明了有些人没有认真看待这种交互性。

但是,好的交谈不止于或中断于一方说“现在我理解你”。其理念是在两者之间创造出第三个具有生产力的元素。因此我所提供的阐释模型鼓励双向对话,这便是我为什么谈到风险和开放,谈到共同创造。这个互动不局限于作者的意图;这不是你竭力达到的某个上限或真理,而是交谈中的一种元素,你们交互拥有和创造。

张岳宏: 我有个问题想问乔纳森·李尔。在我看来,您通过与克劳族共事,创造着一种我觉得可以称为“发表之后”(postpublication)的人类学田野作业,演示出与该族人接触的新形式。您从事着一种诗意的写作，它能唤醒我们，延伸这一事业，但没有人类学的参与，这是不会发生的。这个观察来自我作为人类学家的视角，我想知道您是否有所反思？

乔纳森·李尔：这提出了一个问题，如何在人文学科和社会科学之间划定疆界。两者之间的界限是什么，或者这个界限在多大程度上是一种意识形态的建构？这是本次研讨会提出的问题，而我也曾思考过。我记得，在都柏林三一学院的一次餐会上，有位非常好心的科学家，他计划对学院预算做出决策，他问我——他的问题十分恳切——我们如何测量你在人文学科中的所作所为？你能向我们展现什么？我很清楚，“可测量”的观念将左右学校的预算，而是否具有可测量性就成了分界所在。影响研究及其科研评价，已对知识分子的生活造成了如此有害的影响，英国
130 的人文学科就是其中的显著代表。在这些问题上，不仅学科之间有斗争，人类学内部也有论争。

如今，我的工作是一种重要的趣闻轶事。在我与克劳族的接触中，有个讽刺是，无论这种接触具有什么价值，只要我以人类学家的身份去到那里，事情就会困难得多。他们不想被研究。我的克劳族朋友不想要人类学家在那里，不管这片领域这些年来发生了多少转变。他们始终认为人类学代表了主流文化长久以来的企图，企图征服他们和其他原住民。这种感受是否公平，可以

再商榷，但我确实认为，如果我作为一名人类学家去到保留地，交谈是不可能发生的。我已被一个克劳族家庭接纳，我不清楚我的人生会有怎样的改变。关键在于，我没有什么要测量，没有什么要研究。我告诉他们，我来这儿是为了和他们谈谈我写的一本书，因为普兰提·库普思的话令我念念不忘，如果他们愿意谈下去，那我就在那里和他们谈下去。我不太知道如何将之理论化或主体化，但它是一种突出的文化事实，我认为它不会以其他的方式发生。

埃里克·格里高利：我从事宗教研究，这门学科——通过批判性的阅读，就像我的学生们所读的，比如阿甘本和福柯——认为人权和人道主义都开始被视作极端危险的实践和话语，沆瀣一气地助长了不公正。我以任何方式表达对他们的支持，都不免受到深深的怀疑。我想这里有一种绝望。我想知道，在人文学科中，意识形态批评这一文化是否已占据了我们对研究生的培养，占据了我们与他人的谈话，以致任何生新甚至诗性的反应都不再发生。我们可以做些什么不一样的东西，以此来教学、阅读、当怀疑大师？

卡恩：听到这个，对我来说很有意思，因为我在法学院任教，那里的学生在这一点上毫无怀疑精神。这是他们的解脱时刻——他们想要从事人权和人道主义的工作。他们有些人读过阿甘本却很少担忧，但总体来说这种批判是一种积极的话语，与之针锋相对的是他们能测量他们做的其他事，比如公司法。因此问题的框架是不同的。这个问题是以第二位的方式出现的，他们担心的是，在这些干预中——法律和诉讼形式——是否假设了为
131 其当事人利益而行动的代理者的失败。但这是一个至关重要的自我反思，应该在法学院中得到鼓励，因为介入这一领域容易被视为积极的道德角色。我想我们也许处于大学的对立面，我们应该联合学生一起。

迪迪埃·法桑： 埃里克，或许您的学生们没有读出真正的福柯，因为他的诸多后期作品都具有言外之意。您可以告诉他们，他签了一份请愿书给无国界医生，支持以人道主义干预来救助中国海的船民。我认为，对于批评意味着什么，也许有一种过度的简化。福柯重新解释了康德对“什么是启蒙?”这个问题的回答，对他来说，批评意味着不要以为这个世界是理所当然的。它意味着，我们要思考有些东西也许并非如此，它具有一定程度的任意性，事态的另一种状态也会是可能的。就人道主义而言，如我已在自己的工作中尽力开展的，它意味着不要在常规语境下(歌颂或毁谤)思考人道主义，而是要看到历史的发展，它的意义和后效都应该被检视。

威尔·埃文斯：我认为金姆·谢佩勒给出了一个强有力的观点，即法律在其结构上无法识别反讽及反讽的力量——反讽能抵抗各种强权或暴政制造的意义。比如，这使它有别于寓言。我想知道本组讨论是否可以指出一些路径，表明反讽不仅可以用来废掉一个停摆的社群，还能重构一个社群？

李尔：金姆的文章，让我想到一个例子，能体现克劳族的幽默：有一件事，白人对此是信守诺言的。他们说要让我们重新用自己的双脚站立，他们做到了——他们射杀了我们所有的马。这个例子所包含的痛苦，以幽默和反讽的形式出现，设法直面和消化伤痛，而不是沉溺于忧郁和沮丧。

金姆·莱恩·谢佩勒：在苏联时代，反讽被用来创造一个对抗国家的团结社群。我们前不久将斯拉沃热·齐泽克请到了普林斯顿，他向我们提到苏联时代的笑话，一个家伙走进一家咖啡馆，要一杯没有奶油的咖啡，侍者说："我不能给你一杯没有奶油 132
的咖啡；我只能给你一杯没有牛奶的咖啡。"这些笑话反映出一种共同的体验。

苏联世界终结时，如此有趣、在某种程度上又如此悲剧的是，这个世界突然敞开了，人们可以旅行，他们可以读、说那些以前从未敢读敢说的东西。对有些人来说，这是一种巨大的解放，是世界的放大，但对其他人来说，这意味着他们的世界土崩瓦解。许多异见分子，尤其是喜剧演员，依赖于一个词汇封闭的社群，在此间生产反讽，因为社群成员明白表面意思中所潜藏的深意。当这些世界土崩瓦解，这些机巧也随之丧失。

有时，强权的终结同时伴随着其反抗力量的终结，因为反抗依赖于强权，一旦终结，对一些人而言，很难再找到另一个意义世界来替代。其中有些关涉反讽所创造的那个社群的性质，以及当这些社区被政治事件打乱时，发生了什么。

伊莱恩·斯凯瑞：只是一点附带的感想：我最近在报纸上看到，俄罗斯警方宣布，具有抗议标识的玩具是非法的。[1]人们曾带上小玩具，在公共场合把它们放在一起，让它们举起抗议标志。我认为这个例子支持了你有关人道主义或美学策略的观点，尤其是，如果我们想起波德莱尔有篇散文谈论玩具哲学，那么玩具就是我们的第一次美学体验。[2]

谢佩勒：使政权来逮捕玩具——他们在巴尔瑙尔、西伯利亚这样做了——对抗议者来说是一种胜利。这些战术就是这样发挥作用的。

理查德·森尼特：您现在有没有感觉到，网络和社交媒体的资源改变了东欧的抗议形式，他们在使用阿拉伯之春曾用过的策略？

谢佩勒：在反讽工作中，网络既有用又无用。它敞开了空间，为抗议者带来了更多的观众，更大的群体支持，但这样就很难生发出这些战术所依赖的共同的阐释性实践。 133

朱迪斯·巴特勒：我很欣赏关于战术的讨论，我喜欢那些战术，甚至支持它们，但如果说人文学科有可能或者已经是一套能被动员起来的技巧，我感觉很紧张。我想指出，人文学科或阅读首先不是一套可被应用的技巧。我一直这样提醒我的学生。人文学科中有些东西关乎阅读，或者我们力图教与、讲授的那种阅读实践，是一种截然不同于实际应用或使用技巧的实践。后者的操作更像是对价值的工具性理解。我不想变成一个彻底的义务论者，我认为我已在论文里表达了我的反对。

例如，在《苦痛中的身体》(*The Body in Pain*)中，伊莱恩·斯凯瑞论述了人的某种感受力，这对道德实践极度重要。[3]而乔纳森·李尔今天谈到，时隔多年依然会受到别人曾经的话语的影响。那些话语是怎么影响到你，使你产生不可名状的感受的？我想，他认为这就是审美，那么我们是否可以谈谈审美之于道德的重要性，而不是将其视作一种因果关系？这么想是错误的——如果我们都是好读者，那么我们也会是有道德的公民——虽然此处涉及感受力，而感受力倒有可能促成这种结果。帕特丽夏·威廉姆斯告诉我们，在机场一个女人坐在她旁边，有好一阵子你都无意听取旁边的人在说什么，甚至想拒斥他们——但接着就有些东西被说出，你渐渐敞开，感受力就出现在你的响应中，即便不是出自责任感。

我觉得**技巧**像是假定了一个刻意的中介物——我在这个文本上使用这种技巧，以获其意，或者我在街头使用这种技巧，以此寻找出路或捍卫自己。我认为我们都不想看到人文学科被当成一套实用的工具。我对此担忧，因为它攫取了焦点，审美原本可以，时不时地，以另外的方式真正打动我们的道德响应力。

谢佩勒：我认同您对技巧的看法，但我想反抗您的反抗。当反讽的技巧浮现，这不是因为人们读过理论然后付诸实用。反讽成为可能，是因为人们建构了意义的社群，而意义就藏在眼前。在艰难的实践中，人们意识到，他们可以对彼此说出意味深长的
134 话，而国家则完全无法领会。国家被禁止介入这些谈话，因为反抗者所说的话是公开的，公开之意是它最先的、显明的意思，但这个显明的意思并不能将人们连在一起。他们因另一种意思——反讽之意而紧密相连。因此，让我触动的是，这些战术不是出自理论的应用，而是出自政治环境的封闭。它不是简单地应用我

们的理论，它是一种校验，是进一步的精炼，它确证我们理论的重要性。

巴特勒：我对可听性（audibility）的领域也很感兴趣。在什么条件下，笑话能被听进去并产生效果？这是怎么运作的？或者，笑声——在什么条件下，笑声具有颠覆性，或生产出关系的新形式，新型的价值观？

谢佩勒：是的，如果这种笑声得以出现的条件是压迫，社群因压迫而派生，这多有趣啊？这是一种纠结的关系。 135

总结讨论

人文学科与公共空间

彼得·布鲁克斯：我曾想从保罗·卡恩的评论开始说，或是我如何思考保罗所说的，人文学科中真理的阐释不可分离于阐释**行动**。我对此很是认同，并且觉得我们所谈论的是一种阐释性的实践，而有些人说，人文学科对价值世界言说，因为你通过阅读《克拉丽莎》或《朱莉》会成为一个更好的人，这完全搞错了。这无关阅读的结果，而有关阅读的实践。

因此我想，当我们谈论同情和移情时，往往随意摆布概念，对于人文学科的体验，以及它为什么能导向对人权的理解，我们没有任何简易的、感伤主义的意思，而是认为，通过阅读，同情和移情的实践应该是一种确实的训练，一套练习。

朱迪斯·巴特勒：彼得，我要谢谢您将我们聚在一起。我认为您所征召和激发的思考对我们都有帮助。我过去一直在思考这些问题，思考您所说的“道德伦理”(ethics)概念。您给出了一个非常有力的论见，比如，您论述了道德主义和道德自恋，我认为您对形同道德审判主义(moral judgmentalism)的“何谓好人”等所谓崇高道德理念持怀疑态度，我很欣赏您这一点。这开启了一场思考之旅：道德伦理所做的，如何有别于道德苛责，有别于乔纳森·李尔所谓“任由超我来操作”？我们能否思索出一种无关“超我求全责备”或“为虚荣而行美德”的道德伦理？我将此视作一个起点，由此思考如何最好地去应对今天的邀约，而我认为大家齐聚在此，沿着这一思路有很多重要的东西要说。 136

我对人权的感受是，当今多有争议的是，人权组织行使权力，更多地介入地方性的抗争，这会带来什么？例如，在同性恋人权问题的讨论中，有一个大问题：我们是不是说，我们要给出一个标准，规定何谓持有权利的性公民(sexual citizen)，我们是否要确保各个国家和地区遵守这一标准？或者，我们是否稍稍找出人们在性别实践方面实际所需之物，研究他们如何在当地组织起来，性别的自我理解在何种语境中被制作出来，看看人权的语言或话语能否在言语和实践上更积极地呼应那些特殊种类的运动和斗争？这一批评意味着，人权绝非只是文化帝国主义；而是，人权领域成了一个始终有争论发生的场所。

比如，在以色列和巴勒斯坦都有人权组织在从事评估工作。他们记录，在被占领的地区，有多少人被囚禁，有多少人不经审判就被拘禁。我们需要这种计量，我们需要这些数字——它们极其重要。同时，许多人说，我们不能停留于人权的框架之内，因为问题不在于计算所谓的巴勒斯坦领地发生了多少侵权行为，而在于追问这些领地是否建立在一套不公的殖民体系之上，这需要在一个更系统的层面上来处理。

因此关键不是反对人权——每个人都依赖这些人权组织——而是要问，人权的框架是否胜任那些为争取公正而展开的
137 政治分析和政治运动。人权显然是以权利为基础的政治，因此我们应该问，以权利为基础的政治允许我们做什么，又禁止我们做什么。为了公正，为了自由而斗争——这是宏大的准则，我明白。我想成为拥有这些权利的国民吗，如此可以在某种意义上使用或行使它们？或者，我们真的注目于重新架构一个地区的政治领域，即政治秩序，从而使正义、自由和平等更容易实现吗？有时权利是这幅图景中的一部分，但它们不是整幅图。有人也许会说，囿于人权框架之内是远远不够的，还应揭穿和抛开它，它不过是文化帝国主义的工具，我认为这个说法欠考虑。

另一方面，我想听到更多有关实用和实践理性的内容。我认为，有些事关乎实践的历史，这不同于技法，也不同于因果概念。当我们开始追问文本阅读是否导向践行善事时，我们的有些

争论就变得疑点重重。如果我们将文本和行动之间的关系解析为因果性质，我认为我们就会陷入困局，因为在此总有一个问题，一个文本如何被持有，或者，在什么情况下以这样或那样的方式被持有，从而服务于一整套行动或实践。

我即将看到，学术界努力重新审视评论文章，它不应被削减为怀疑或揭露，而应成为一条希望之路，这条路力图重新架构政治领域，使之更具普遍性，从而使我们产生不同的思考，思考如何扩展而不是关闭生活和生活可能性的多样性。

最后，关注公共空间中的人文学科，我要提到书籍。我不知道在座有多少人清楚罗马、伦敦以及欧洲各地发生的游行。学生们反对大学预算大幅削减，反对关闭公立大学，他们走上街头，举起写有各种书名和作者的牌子，大意是“我想要生活在一个可以上大学、读这些书的世界里”，它们包括柏拉图、马克思、阿尔都塞、简·奥斯丁。我认为很重要的是，我们要看到，这些公共游行的燃料是阅读的欲望，是为了阅读的民主化而保护教育和研究机构。

金姆·莱恩·谢佩勒：我打算对人权框架提出一点挑战。
我分享了您对评论文章的看法，也了解到您认为这一权利不应被 138
抛弃。但人权框架令人担忧的一点在于，它具有极端的个人主义。许多人权运动是对20世纪威权主义的反拨，而人权的成功在于将这些准则转化为法律。一旦你深入到威权系统内部，尤其是苏联那套体系，获知它是如何运作的，诸多反抗形式都是以集体为单位，其间社群建设和集体团结对于实际的反抗来说是至关重要的。在个人权利需求背后，为意义的建构提供更多选择是一项集体的事业。

当这些人权运动提出主张时，它们生活在一个不以个人化的权利来定义的空间中。相反，这些异见分子的生活以一种有意义的方式表现出与个人化权利世界的针锋相对。苏联体系行将终结时，我们还看到这些反抗权力的组群亦不再团结一致。这可以部分地解释，为什么我们看到前苏联地区现在很难完全抵抗那蠢蠢欲动的威权主义，因为那些曾经组织起来用以抵抗强权的社群已随着“墙的倒塌”而四分五裂了。

因此我想知道，在所谓民主、开放、新自由主义的国家，强权的形式是否需要不同的修辞——不是人权框架中的个人主义，而是某种更为团结一致的东西。也许这便是为什么“占领华尔街运动”没有立即从一种人权的修辞出发。对自由的需求，往往要求他们提出批评后能感到彻底的改变。但当他们所反对的体系消失时，当他们与自己曾经认为更好的体系相伴时，他们会看到他们的解决方案与自己曾批评的政府共存，而非彻底对立；它们在其他情况下也不会完全可行。

因而我利用这个时间对您说的有所展开，朱迪斯。

乔纳森·李尔：我想回到前面的问题，那就是保罗·卡恩在其文章中谈到的阐释行动的诚恳性（truthfulness），它的关系何在。让我感兴趣的事情之一是诚恳性的完全性。精神分析有很多工作是用来帮助、允许人们去谈论他们的心智的，我们不是只讨论话语的精准性，而是谈论口头表达所灌注的内容。我认为，保罗所谈论的创造行为，有一部分是人文学科的 139
能力所及，即鼓励一种完完全全的诚恳言说。而我认为，除了本质上的第一人称之外，没有任何办法可以达到这一点。不必是第一人称单数，可以是第一人称复数，但除此之外，别无他法。

朱迪斯·巴特勒提出了有关实践的问题，而我认为这里也有人文学科与众不同的一席之地。比如，我回想南非的种族隔离，有许多东西是无法阻止的，有许多东西是人文学者无能为力的，但与我相伴的是库切的《等待野蛮人》。对我来说，它定义了那里所发生的事，长久以来，小说家试图与他人的灵魂共鸣，试图了解这真正意味着什么。

迪迪埃·法桑：我有几个观点，其中第一个要回到我们之前对阿甘本和福柯的讨论。它关涉如何面向公共空间来翻译人文和哲学作品，尤其是如何面对社会科学。人文学科所构成的用途，往往对应着一种简化的哲学理论。概念术语的进口，如“生命政治”(biopolitics)[*]或“赤裸生命”(bare life)[**],被近乎机械地用来阐释社会世界,全然不顾它们的复杂结构,最终与启发背道而驰。因此我们需要思考翻译的问题,不是依照教条式的诚恳,而是以敬意去反叛(respectful treason),我的意思是,我们翻译这些理论时应该保持它们的生机,应该汲取这些概念,只要它们能有助于我们想得更远更深。

第二点是关于社会科学与人文学科的分野,此前它被描述为实证主义与阐释的针锋相对。我们必须意识到社会科学是多种多样的,它们的构造各有不同,取决于国家甚或地方性的语境。人类学,不论它是被赋予文化性质还是社会性质,都广泛地建立在一种阐释性的认识论之上。甚至社会学,相对北美而言,它在欧洲可能更秉承了阐释的传统。不过,某些学科,例如经济学、政治学或国际关系学,确实更倾向于实证主义,也更愿意采用政府当局的话语,要去回答“我们应该做什么”这
140 一问题,而这不是我们这些人所喜好的那类问题。我们不得不抵抗这种实证风潮,它今天已获得了充分的合法性,要意识到

* 福柯1978至1979年在法兰西学院的讲座结语成文为《生命政治学的诞生》(The Birth of Biopolitics)。此概念用以指“一种肇端于18世纪的努力,试图理性化地处理政府在治理实践中所面临的一些问题,这些问题是由生活着的人类群体所带来的,如健康、卫生、出生率、寿命、种族等等……”。参见Michel Foucault, “The Birth of Biopolitics”, in *The Essential Foucault*, ed. By Paul Rabinow and Nicolas Rose, New York: The New Press, 2003, p. 202。阿甘本对此概念亦有重要理解。——译者注

** 阿甘本著有《牲人:主权权力与赤裸生命》(*Homo Sacer: Sovereign Power and Bare Life*)一书,提出了“赤裸生命”(bare life)这个概念,意为人的动物生命。——译者注

它并没有完全将社会科学与人文学科隔绝开来，而是区分出思考世界的两种方式，而这两个领域都会与这两种方式产生交集。

我要提出的最后一点关乎人权和人道主义，以及我们如何批评那些以人权和人道主义为政治原则的人。事实上，当社会机构使用这一话语来自辩时，不必以一种天真的方式采纳其意。他们明白，这是那一时刻的合法话语，因而它能发挥积极影响。因此，当我们批评人权的个人主义倾向或人道主义偏于怜悯时，我们大概忽视了这些领域的相关机构本身也是在条件反射式地行事。当他们提及虐待或展示苦难之躯，他们以此话语为策略，从而主张更广泛的社会权利或公民权利。他们往往没我们想的那么天真，而是更加"政治化"。这便是民族志不断提醒我们的：人们拥有一种社会智慧。

迈克尔·罗斯：我们如何将朱迪斯·巴特勒所谓的阅读欲望关联到帕特丽夏·威廉姆斯所谓重新命名的能力，或者说，关注人、群体和事件，使它们对我们有意义的能力？我以一种相当世俗的方式思考这个问题——作为人文学科的教师，如果说我们幸运，那是因为有学生带着阅读的欲望来听我们的课。对我而言，问题是如何将这种阅读的欲望关联到重新命名，再造，让事物对我们有意义的能力，并且关联到一种普遍的能力——不去参与这一股横扫学术界的因循守旧的浪潮。我认为，我们在欧洲和美国所见的这些路数，以及管理者在实用性的伪装之下将大学流水线化的努力，都将大学造就为一套极端因循当下成规的系统。

当我们在自己的课堂上看到——阅读的欲望，或是对绘画、音乐作品的全神贯注——我们作为教授和教师，如何将此转化为反道德主义、非因循守旧，或者说反因循守旧？

布鲁克·霍尔姆斯：有件事尚未摆到台面上，那就是人文学科和科学的关系，这额外的一步早就该迈出。保罗·卡恩说的有些东西真的引起了我的共鸣，那就是拒绝量化。如果我没有误解保罗，他是说在阐释行为、生产行为和回应行为中，都没有因果必然性，所以因果和量化分析不能捕捉奇异性，无法获致创造的
141 活力。

令我深有感触的是，这一点非常重要，它不仅关乎人类，还日益普遍地关乎非人类和物质世界。我们在迁离，也在观看科学自身的迁离，从一种理解方式移向简化的因果关系。因此我认为一个时刻或一个问题浮现出来了：因果关系的复杂性——生命展示自身的方式具有阐释性，阐释它的周遭，具有建设性和创造力——对人文学科而言是一个入口？如果阐释如今是人文学科的标志，那么它也是一个通道，通向某种思索——我不想说“后

人文学科”(posthumanities)[*]——从而使我们超离那个疆域。因此我认为这里有一份召唤,召唤我们趋向那一点,去思考,去进一步踏入科学的领土,某种意义上我们是那里最不受欢迎的,那里也是我们最害怕步入的,因为多年以来物质是必需品,它是决定论的。

事实上,我们能够不步入吗?我们可以不投入这番对话,不与科学一起创造兼容性的阐释行动,或者不去力图打破长久以来横亘在那里的,自然与文化之间的屏障吗?我想,我们所处的这个坐标点,从历史上和理论上来说,是可以被我们越过的。

保罗·卡恩:我认为这一点很重要。我完全同意,下一步,应该要延伸的路径,是思索个人与国家,以及从更宏大的层面而言,与宇宙、与自然之间的关系。

我想将这个阅读与人文学科的问题同自由的观念联系起来,在我看来,自由是贯穿其中的关键。乔纳森·李尔有个观点,让我特别喜欢他的文章,给了我们一个具体的例子——它实际上看起来是什么样子,如您所说。乔纳森对于非因果性也给出了相同的看法,也导向了您的观点,即形式因和目的性的必要性。

---

* “后人文学科”是指:继承人文主义之后的人文学科遗产的各种方法,进行非人类中心论或反人类中心论方面的研究。它处理的问题包括物种界限、人类与非人类的关系(人类与技术、环境、动物、事物的关系)、生物权力、生物政治和生物技术。——译者注

因此我想，有一串紧密相连的主题。我不知道这是否正确，但我确实认为有一个颠覆。我的看法是：也许人文学科从事于一项关键工程，它变得看起来像是毁灭性的，或否定性的——但是，否定当然也是通往创造的入口。这里有一种重新思量、重新建构，这是一种创造性的毁灭。彼得，我认为这还关联到你的看
142 法，即以不同的声音言说，让真理脱颖而出。

乔纳森·李尔：这对我来说是个具有强烈现实意义的问题，对此，我的同事马克·佩恩在其所著《动物的角色》(*The Animal Part*)[1]中也有所论及。与那种主流文化告诉非主流文化“要听我们的真理”的模式相比，我们更需要探索一些不一样的东西。佩恩的书关注拉丁和希腊文学的丰富历史，其中包罗了我们与动物的对话。我认为，这本书的一个美好之处在于，它不是一种怀疑的解释学，不是预先假设它没有发生，而是预先假定“谁知道呢？也许它发生了吧”。他的书揭示了一个宏富的西方的，拉丁和希腊传统，即我们对动物说话，而它们告诉我们一些非常重要的东西。这当然也是克劳族文化的核心。两种文化可在此无言地相遇，例如，如果西方文化只是白人的腐朽世界，我们不能从中学到任何东西，那么我们必须走向原住民的智慧，或者(另一方面)我们必须学习它，因为它是西方的智慧。这里发掘出了一种被否认或忽视的传统，即我们对动物说话，它们对我们说话，

我们从它们那儿学到东西。在这个地方，交谈得以变为一种真正的成功。

帕特丽夏·威廉姆斯：我真的没那么乐观，尤其是在生命伦理学的语境中。我承认，如迪迪埃·法桑所说，在有些情况下，人们有策略地使用某些特定词汇。但真正令我产生关注的，是自我难以确切地意识到某些决定论是如何重蹈覆辙的，尽管科学和技术的革命曾一度带来彻底改观的希望。例如，人类基因组计划，称我们之间在实质上没有差别；而科学家、科学新闻记者和媒体让我们认为，基因问题可以解释这里，可以解释那里，即便没有实际的数据支持。这不是一个文本，而是一个化学过程。例如，我记得斯基普·盖茨（Skip Gates）在他的一次节目中告诉观众，斯蒂芬·科尔伯特（Stephen Colbert）是百分之百的白人。那么百分之百的白就涉及数据组，将他与9个北威尔士人相比照，然后被标记为或被称为高加索人（但与高加索没有关系），于是他就成为“白人”。要表现百分之百的白，就是种族纯粹观念的复现。这种故事真的困扰我，因为它的诸多操作停留在无意识的层面。

同样，我们还生活在一个极端自由主义的时代，我们一切有
关宪法、犯罪、侵权的论述都是极端契约主义的——都是以私人 143
契约而非社会契约的模式行事。这便是我为什么不能确信，以第

一人称言说，即便是第一人称单数，会是一种释放，因为按照这种模式，第一人称**是理性的经济人**（**Homo economicus**）。

霍尔姆斯：我认为，从某种意义上说，这恰是为什么占据一个既没有纯粹因果必然性、又没有纯粹动因的空间是如此重要。两者之间必须要有一个空间。

乔纳森·卡勒：评论迄今已阐明，对于批判性的分析，其新领域是一个无尽的序列，人文学科的事业也是无穷的。关于前面的论见，我有两个观点。首先，长期以来，有关人文学科价值的主张之一是，我们的工作思考了“成为一个人意味着什么”。这一工作在大学里往往不太引人关注，部分是因为人们觉得它抽象且自利。但是这个新领域——人类/动物研究的广阔领域——却赋予这一工作以实在性，使它变得具体可触。而且，这新领域总是具有临界性，还能开启与科学家互动的可能性。因此我想，成为一个人意味着什么，重振这一话语，对我而言，在某种程度上是一个人文学科更大有可为的领域，批判性的分析则较为逊色，它曾经大展身手，但也许宝刀已老。

我的另一个观点是，我们对于工具化已经谈了很多，我非常明白康奈尔大学如今有这个趋势，因为我们在纽约市有一个校区，完全致力于技术应用和工具化。在这一领域，有些科学家——尤其是，理论物理学家——坚定地站在人文学科这一边。他们比大学里的其他人更明白，研究关乎知识，而知识之目的即在其本身。有时，理论物理学家所提出的点子可以付诸应用，但有许多却并非如此，而这些科学家想要继续他们的工作，不论其实用性是否显而易见。所以他们绝对是人文学科的伟大同盟，因为我们也希望研究工作的价值就在其自身，为其自身，超脱于社会绩效。

威廉姆·杰尔马诺：我想回应一下迈克尔·罗斯。我们从朱迪斯·巴特勒的精彩文章开始，它激发了这么多不同的观点，我们可以长久地讨论，但其中之一是如何看待“评估”。 144

我们如此反感评估。我们今天的对话就是在关切我们这份事业的独立性，而自由的价值强调人文学科的工作，可我觉得我们仍未真正说清一些东西，以致未能阐明我们事业的价值。我认为，以一种好奇的方式，这件事可能更容易完成，胜过以其他东西去替代评估，它可以满足文化和社会的要求，表明我们至少能够向自己证明，我们获致了我们打算获致的东西。

在我们所处的体系里，评估是一种文化，它无疑是院系和项目政治的一部分，而无论你去哪里，有关它的谈话都令人尴尬。我实在不知道是否有人想要步入那个沼塘。但我认为，我们应该用某种语言去谈论我们眼中的自我成就，这是关键的一环，是我们的话语所缺失的。

布鲁克斯：就我对现行模式的观察，如“高校学业评估”，它们完全不妥，因为它们都是以工具主义来解决问题的，是你在哈佛商学院第一年所学的那些东西。它们对我们这种阅读实践真的无能为力。我同意您的看法，我们要计划提出某种方法来自我评估，否则就要受到其他人的强迫。

拉尔夫·赫克斯特：我想我们正在铺陈将来的许多会议，有可能关联科学、生命政治学，以及动物/人类的关系。令我感受最深的，是乔纳森描述了文化的形式因和目的因在被摧毁；鉴于我们即将变化的环境，这也许是一个非常有力的机会，使更多人关注我们研究和探寻的志业。在校园里，比如我所处的大学，人文学科在我们的工作中占比很小——我们实在是一所理工科大学。所以我一直在思考，如何使人文学科的话语也能引起科学家和其他领域工作者的反响，因为这些领域也存在着值得神思的论辩。

伊莱恩·斯凯瑞：一点附言——我不知道人文学科是否有资格被灌输到伦理研究中，但我记得黑斯廷中心，在1980年代，的确广泛调查过各种学科，以及它们可被用作伦理研究工具的程

度。文学与历史，如果我所记没错，在他们看来是两门非常好的 145
基础学科。[2]

第二，我之前提到，我认为，如果不在课堂中培育移情、美以及辩论等事物，我们便在实际上削弱了这些事物的力量，我此前举了关于美的例子。但我想多说一下移情的问题。当我们在课堂中培育移情时，我们往往流于对它的赞美或诋毁，难以超乎二者之外；然而，有些观察非常有意思。例如，康奈尔医学院的沃尔什·麦克德莫特（Walsh McDermott）常常谈到，不管我们是否擅长叙述同情之心，只要比诸数据式的同情（statistical compassion），我们都是优秀的同情表达者。亦即，我们完全不能用数据表达同情。所以，我认为很重要的是在课堂上谈论移情，告诉学生，无论我们是否擅长叙述同情之心，都不会比那个所谓数据式的同情更糟糕。

即便是狄更斯、左拉或巴尔扎克所写的某部小说，让我们心系六十个人物的命运，也不能与我们对政治生活的思考相比。我们应该认识到这一点。另一方面，我认为文学作品最有帮助的地方在于，它们揭示了我们能在多大程度上进行移情式的思考。小说——这里可以举托马斯·哈代的作品为例——能够展现出一个人物是如此坚实而严肃，而她周围的所有人却说她轻佻。例如，哈代在《德伯家的苔丝》（1891）中完成了对苔丝的塑造后，在我们心中，她的分量因为感情而重若千斤，而我们看到其他的角色却不过视她为八卦的话柄。这个模式太有用了。在文学中，不能把握其他人的现实，不能了解他们何以受伤，往往在于曝光不足和曝光过度，伤害和歪曲也正是以这些方式出现在政治生活和舆论中。如果我们在课堂上所做的一切都是关于“同情这个”或“不同情那个”，那我们就无法获致移情的其他重要属性。

最后，是对批判式怀疑主义概念的一点附言。有些人已经提到了杰弗里·哈芬的作品。他最近有关大学的书谈到了米歇尔·福柯（或者我想迪迪埃·法桑会说是早期福柯）与诺姆·乔姆斯基之间的对话。[3]乔姆斯基允许使用“人类天性”（human nature）这个词，而福柯却不；禁用这类语言，会产生出一种政治束缚。对我来说，另一本很有益的书是青年学者克里斯蒂安·索
146 恩（Christian Thorne）写的，此书极为出色地研究了本世纪以前的怀疑主义，以及它的事业如何因保守派而终结。[4]他对人们的观察，借用了从蒙田到霍布斯的视角，这实在是一部了不起的书，因为我们自豪地认为，怀疑主义出现于自由主义的阵营——而它的历史或许压根不是这样。它常常令人丧气，让你觉得它真的不是一个可用的工具。

巴特勒：关于保守主义，我们确实要想办法评价现行的指标，还需要设法评价我们自己那些挑战或质疑某些评估观念的工作。我认为我们需要激活批判精神，使之能成为一种方法，与评

价模式展开竞争，让这些评价模式被评价。我最后的想法是：当我们谈到指标或尺度时，有一点悲哀。我想，尽管这个词现在意味着彻底的可计量化，但曾经我们也会谈论**诗学**的尺度或指标，或将尺度视为亚里士多德伦理学的一个重要部分。你们知道，测量是要有尺度的（a measure for measure）。我们必须为测量想出一个尺度。147

注释

导论

1. “虐俘档案”(Torture Memos)这个概念源于美国司法部2002年8月1日的三份档案(后来公开):1)杰克·里索(Jack Rizzo)备忘录*,“基地组织特工的讯问”;2)阿尔贝托·冈萨雷斯(Alberto Gonzalez)备忘录,“美国国会2340—2340A讯问行为指南”;3)柳约翰“给尊敬的阿尔贝托·R. 冈萨雷斯的一封信”。进一步的调查和关注使更多档案得以曝光。如David Cole, *The Torture Memos: Rationalizing the Unthinkable* (New York: The New Press, 2009);又如The Torture Archive at http:// www.aladin0.wrlc.org/gsdl/collect/torture/ torture.shtml。
2. Charles J. Sykes, Profscam: *Professors and the Demise of Higher Education* (New York: St. Martin's Press, 1988); Roger Kimball, *Tenured Radicals: How Politics Has Corrupted Our Higher Education* (New York: Harper, 1991); Andrew Hacker and Claudia Dreifus, *Higher Education? How Colleges Are Wasting Our Money and Failing Our Kids—And What We Can Do about It* (New York: Times Books, 2010).
3. Anthony Grafton, "Our Flunking Universities," *New York Review of Books* 68, no. 18 (November 24, 2011), 38–42.
4. Jane Mayer, *The Dark Side: The Inside Story of How the War on Terror*

* 原文此处疑有误,似应为“约翰·里索备忘录”(Memorandum for John Rizzo)。——译者注

Turned into a War on American Ideals (New York: Doubleday, 2008).
5. Lynn Hunt, *Inventing Human Rights* (New York: W. W. Norton, 2007).
6. U.S. Department of Education, *A Test of Leadership: Charting the Future of U.S. Higher Education*, Final Report of the Secretary's Commission on the Future of Higher Education (2006), www2.ed.gov/about/bdscomm/list/hiedfuture/reports .html.
7. 同上书,第13页。
8. 同上书,第4页。
9. Richard Arum and Josipa Roksa, *Academically Adrift: Limited Learning on College Campuses* (Chicago: University of Chicago Press, 2011).
10. Wallace Stevens, "Notes toward a Supreme Fiction," in Collected Poems (New York: Knopf, 1961), 383.

日常,不敢相信

1. 美国国家人文科学联盟(The National Humanities Alliance)反对削除国家人文学科基金会(National Endowment for the Humanities),其意见是人们需要重申自明之物:"人文学科的公共价值是毋庸置疑的。它们丰富了人的生命,它们带来了社群的团结,它们支持我们的民间机构,它们推动了我们的历史和我们的价值,它们使我们的传统得以理解和保存,它们还塑造出一批知识面广、有竞争力的劳动力。"2012年4月,国家人文科学联盟主席迈克尔·布林特纳(Michael Brintnall)在国家人文学科基金会在美国国会众议院2012财政年度听证会上的发言,向内政部、环保局及相关附属委员会、美国众议院拨款委员会提交的公开证言。www.nhalliance.org/advocacy/testimony/congressional-testimony-fy-2012-neh.shtml.
2. Lisa Foderaro, "Budget-Cutting Colleges Bid Some Languages Adieu," *New York Times*, December 3, 2010.
3. Scott Jaschik, "Job Freefall, Job Recovery," *Inside Higher Education*, January 3, 2011.
4. Peter Schmidt, "Historians Continue to Face Tough Job Market," *The*

Chronicle of Higher Education, January 3, 2011.

5. Christopher Newfield, *Unmaking the Public University* (Cambridge, MA: Harvard University Press, 2008): 208–219.
6. See Michel Feher, "Self-Appreciation; or, the Aspirations of Human Capital," *Public Culture* 21 (2009): 21; Wendy Brown, "Neo-liberalism and the End of Liberal Democracy," *Theory & Event* 7 (2003).
7. See Michelle Ty, "Higher Education on Its Knees," Introduction to the Fall/Winter issue of *Qui Parle 20*, no. 1 (2011): 3–32.
8. 桑托勒姆说，他在导师们的"范围之外"（out of the pale）——我觉得个词组得好，"意外"（out of the blue）地或"脱离主流"（out of the mainstream）地"越出范围"（beyond the pale），表明他不在可识别的人群之中，或者他从一个遥远的星球或白人色彩深重的地方降落到这个校园。我不认为尼特尼·利昂（Nitney Lions）和一个强大的海德格尔团队挤在一起就可以成为左翼的前哨，但我们有可能会为一份合理的现实报告而误解一个由幻想构致的扭曲语法。
9. 有关亚利桑那州的法律及其影响，可查询Librotraficante.com。
10. Wendy Brown, "American Nightmare: Neoliberalism, Neoconservatism, and De-Democratization," *Political Theory* 34, no. 6 (2006): 690–714.
11. Louis Althusser, "Ideology and Ideological State Apparatuses," in *Lenin and Philosophy*, trans. Ben Brewster (New York: Monthly Review Press, 1971), 127–193.
12. 同上书，第139页。
13. 出处同上。
14. 同上书，第171页。
15. 出处同上。
16. 同上书，第171—172页。
17. 同上书，第172页。
18. 同上书，第173页。
19. Franz Kafka, "Description of a Struggle," in *The Complete Stories*, ed. Nahum N. Glatzer (New York: Schocken Books, 1971), 9–51.
20. 同上书，第35页。

21. 出处同上。
22. 同上书,第36页。
23. 同上书,第34页。
24. 同上书,第36页。
25. Franz Kafka, *Diaries, 1914–1923*, ed. Max Brod, trans. Martin Greenberg (New York: Schocken Books, 1949), 75.
26. Kafka, "Description," 36.
27. 出处同上。
28. 参见阿兰·巴迪欧《哲学作为创造性的重复》[Alain Badiou, "Philosophy as Creative Repetition," in *The Symptom* 8(2009)]一文:史蒂文斯写道:"我们得彻夜忍受我们的心思。"唉! 这是哲学家和哲学的宿命。斯蒂文斯继续说:"直到明媚的清晰肃立在冷冻中。"是的,我们希望,我们相信"明媚的清晰"终有一天会"肃立"。我要加几句:对史蒂文斯来说,不能确定明媚的清晰何时可以实现肃立,但那些忍受自己思想的人仍视之为前进的目标。如果它被证明是不可实现的,它本身的持续就是终极目标。
29. Theodor W. Adorno, "On Lyric Poetry and Society," in *Notes to Literature*, trans. Shierry Weber Nicholsen (New York: Columbia University Press, 1958/1991), 1:43 (italics added).
30. 如兰迪·马丁《转向行政化:人文学科被攻击的衍生逻辑》一文所追问:"人文学科如何可以将其独具的阐释力——它的发展表现为文本形式的批评——转变为价值和影响尚不明晰的公共事务?"参见Randy Martin, in "Taking an Administrative Turn: Derivative Logics for a Recharged Humanities" *Representations* 116 (2011): 170。
31. Geoffrey Harpham, "From Eternity to Here: Shrinkage in American Thinking About Higher Education," *Representations* 116, no. 1 (2011): 57.
32. Wendy Brown, "The End of Educated Democracy," *Representations* 116, no. 1 (2011): 19–41.
33. Dana Villa, *Socratic Citizenship* (Princeton, NJ: Prince ton University Press, 2001).
34. 参阅www. Investopedia. com的"词典"(Dictionary)栏。

35. Ernst Bloch, *The Spirit of Hope*, trans. Neville Plaice et al. (London: Basil Blackwell, 1986).

诗歌、伤害与阅读伦理学

1. Steven Pinker, *The Better Angels of Our Nature: Why Violence Has Declined* (New York: Viking-Penguin, 2011). 我对平克观点的概括比他本人的说法更保守或温和，因为我以这种方式能更确信其真实性。他认为暴力的出现率在总体上是大幅下降的，虽然我不太信服，但他通过文献证明酷刑的诸多特殊形式已经退隐，这令我信服。我将此书视为一个伟大的成就，原因有多方面：其话题的重要性，其研究和文献的宏阔，其讲述历史事件和哲学观点的修辞方式，其耐心而明澈的追寻。不过，从我的视角来看，这本书有一个重大的实质性误判（最重要的是，他相信核武器的使用如今是一种禁忌，而实际上唯有公开讨论我们随时备好的核武器才算禁忌），而且叙述方式也误入歧途（比如确认某种既定的伤害发生在某个既定时代的开端和结尾——无论一千年、一个世纪，还是十年——但只在远离我们的那个时间界标上使用生动的形象和数字，在临近我们的时间界标上，却仅使用抽象的表达）。
2. 同上书，第173页，图像4—9。
3. 同上书，第173页。
4. 同上书，第175、176页。林·亨特的具体说法参见Lynn Hunt, *The Invention of Human Rights: A History* (New York: W. W. Norton, 2007), 38–69。
5. Pinker, *Better Angels*, 174.
6. 关于法律和文学对待伤害有何不同，参见Elaine Scarry, "Das Schwierige Bild der Anderen," in *Schwierige Fremdheit: Über Integration und Ausgrenzung in Einwanderungsländern*, ed. R. Habermas, P. Nanz, and F. Balke (Frankfurt: Fischer Verlag, 1993), 229–264。英文版为"The Difficulty of Imagining Other People"，可见于*Handbook of Interethnic Coexistence*, ed. Eugene Weiner (New York: Abraham Fund, 1998)；以及*Human Rights and Historical Contingency*, ed. Carla Hesse and Robert Post (Berkeley: University of California, 1999)。更简化的论述参见*For Love of Country*,

ed. Martha Nussbaum and Joshua Cohen (Boston: Beacon Press, 1996)。

7. 蒲柏写道:“阿波罗拨弄七弦竖琴;缪斯们围坐/以嗓音轮替这银质的声音。”奥格尔比写道:“阿波罗演奏,缪斯们展开超凡的歌喉/交替为金色的七弦竖琴伴唱。”
8. 我不仅要感谢霍布斯(他在自己英译的《伊利亚特》前言中赞扬了奥格尔比的注释),还要感谢我的前研究助理马修·斯佩尔伯格(他在霍顿图书馆找到了奥格尔比的翻译)使我得以接触如此丰富的注释。
9. 亦可见于罗伯特·菲茨杰拉德(Robert Fitzgerald)和默里(A. T. Murray)的译本。
10. Victor Erlich, “Eclogue,” in *Princeton Encyclopedia of Poetry and Poetics*, ed. Alex Preminger et al. (Princeton, NJ: Prince ton University Press, 1965, 1990), 212–213. 由于维吉尔的强烈影响,牧歌后来在14世纪至16世纪蓬勃发展。
11. Urban T. Holmes, “Poetic Contests,” in *Princeton Encyclopedia*, 626–627. 霍尔姆斯的文章列举了我这里提到论争诗的多种形式。
12. Holmes on “Poetic Contests” and Frank Chambers on “Partimen,” in *Princeton Encyclopedia*, 626–627, 603, respectively.
13. Dante Alighieri, *Vita Nuova*, trans. and ed. Mark Musa (Oxford: Oxford University Press, 1992), 86n7.
14. Lawrence J. Zillman, “Sonnet” and “Volta,” in *Princeton Encyclopedia*, 781–784, 894, respectively.
15. Holmes on “Poetic Contests,” Anna Balakian on “Lauda,” Chambers on “Pastourelle,” in *Princeton Encyclopedia*, 626–627, 445, 606, respectively. “拉乌达”(lauda)与“田园恋歌”(pastourelle)都始于13世纪。
16. John Edwin Wells, *A Manual of the Writings in Middle English 1050–1400* (New Haven, CT: Yale University Press, 1916), 411–412.
17. Jean Bottéro, “La ‘Tenson’ et La Réflexion sur Les Choses en Mésopotamie,” in *Dispute Poems and Dialogues in the Ancient and Mediaeval Near East: Form and Types of Literary Debates in Semitic and Related Literature*, ed. G. J. Reinink and H. L. J. Vanstiphout (Leuven: Department Orientalistiek, Uitgeverij Peeters, 1991), 15.

18. Herman L. J. Vanstiphout, "Lore, Learning and Levity in the Sumerian Disputations: A Matter of Form, or Substance?," in *Dispute Poems*, 22–23. 论辩的节奏往往像我们西方诗歌的回声。在罗伯特·菲茨杰拉德译的《伊利亚特》中，阿伽门农这样对阿喀琉斯说："要是你的心鼓励你逃跑，你就逃跑吧！我不求你为我的缘故留在特洛亚……你很有勇气，这是一位神赐给你的。你带着你的船只和你的伴侣回家去统治米尔弥冬人吧！我可不在意，也不理睬你的怒气。"（罗念生译）因此在《犁与锄头》(Plough vs. Hoe）中，锄头说："犁，你能循着犁沟——/你的犁沟对我来说算什么？/犁，你能切割犁沟——/你的切割对我来说算什么？"
19. Vanstiphout, "Lore, Learning," 25.
20. Thomas L. Reed Jr., *Middle English Debate Poetry and the Aesthetics of Irresolution* (Columbia, MO: University of Missouri Press, 1990), 144–148, 327–328. 即便是**肉体**与**灵魂**之间的辩论，肉体也强烈地自我捍卫。"加入了争吵……斥责灵魂毫无道德责任感"（见该书第157页）。
21. Reed, *Middle English Debate Poetry*, 103–104. 另有例子表明论辩不局限于西方，如与《贝奥武甫》同时问世的日本小说《源氏物语》。除了人物之间的辩论，它还充溢着吟诗比赛、绘画比赛，以及香水制作比赛。
22. Reed, *Middle English Debate Poetry*, 392, 394, 398, 401, 408.
23. 同上书，第186页。
24. 同上书，第43—65页。
25. 同上书，第69—70页。
26. 同上书，第88—96页。
27. 这个例子不就说明了论辩诗引领和帮助这三大竞技场的形成（正如文字、书籍印刷和小说引领了人道主义革命）？里德此书更有志于展现大学、法庭、议会如何有助于塑造诗歌——威斯敏斯特的唱名表决被引入乔叟的《众鸟之会》(参见第59、63、65、67、75、85、87—89页）——而非展现诗歌如何形塑了这些机构，就像英国14世纪某位国会发言人控诉爱德华二世召集的大会总是喋喋不休、叽叽喳喳，令人想起《猫头鹰与夜莺》(第73、76页）。里德承认他的论诗和制度的材料是同时代的，其中有些制度的发展是后发的（第42页）。如果我们回想我们的起点——荷马笔下缪斯们的辩论——会意识到辩论诗长期居于领先地位。里德自己常常把关注点引向西方和东方的先例。

28. Walter Pater, "Conclusion," in *The Renaissance: Studies in Art and Poetry*, ed. Adam Phillips (Oxford: Oxford University Press, 1998), 首版于1868年；相关引用和讨论，参见Harold Bloom in *The Anatomy of Influence: Literature as a Way of Life* (New Haven, CT: Yale University Press, 2011), 22。
29. 接下来三段所概述的观点，在我这本书中有更翔实的论述：*On Beauty and Being Just* (Princeton, NJ: Prince ton University Press, 1999), 3–5, 86, 93–116。
30. 我此处所说主要是阅读的后果，但是这种侧面性在阅读行为中本身是可认识的，比如某人让角色的忧虑占据了自己的精神空间，本来这空间要留给自己的忧虑（在此，美的工作与移情的工作一致），或者某人将自己的思维借给普鲁斯特几个星期，如此他可以创造出任何他所期望的图景，或者一个文学评论家使自己服膺于艺术家——约翰·济慈——他所要评论的这个人。
31. Bernadette A. Meyler, "Daniel Defoe and the Written Constitution," *Cornell Law Review* 94 (2008): 73.
32. J. R. Maddicott, *The Origins of the English Parliament: 924–1327* (Oxford: Oxford University Press, 2010), vii, 3–7, 10, 16, 25, 26, 29, 31.
33. Sarah Foot, *Æthelstan: The First King of England* (New Haven, CT: Yale University Press, 2011), 95–96, 358, and see the chapter, "Æthelstan Patron of Poets," 101ff., esp. 106–108. 科林·蔡斯（Colin Chase）《贝奥武甫之约》（*The Dating of Beowulf*, Toronto: University of Toronto Press, 1981）所收学术文章展现了8、9、10世纪的言语争胜。埃塞尔斯坦的事例参见：R. I. Page (113–122), E. G. Stanley (200–201), and Colin Chase citing Robert L. Reynolds, Norman Blake, and Nicolas Jacobs (7)。
34. Foot, *Æthelstan*, 12.
35. 这便是为何奥威尔《1984》中的那个国家不仅意图毁灭实证，还要同样毁灭小说。小说滋养了反事实思维（counterfactual thinking）的持续演练，舍此则无法思考。我对此更详细的论述参见："A Defense of Poesy (The Treatise of Julia)," in *On Nineteen Eighty-Four: Orwell and Our Future*,

ed. Abbott Gleason, Jack Goldsmith, and Martha C. Nussbaum (Princeton, NJ: Prince ton University Press, 2005), 13–28。

阅读伦理学

1. J. Hillis Miller, *The Ethics of Reading* (New York: Columbia University Press, 1989).
2. 我对此更详细的论述参见："Interpretation und Gespräch. Reflexionen zu Gadamers *Wahrheit und Methode*," in *Poetica* 43 (2011): 177–203。
3. E. D. Hirsch, *Validity in Interpretation* (New Haven, CT: Yale University Press, 1965). 在第三条注释所引用的文章中，我批评了赫施的某些公式。
4. Karl Kraus, "Die Sprache," in *Magie der Sprache* (Frankfurt: Suhrkamp, 1982): 344. "Einer geistigen Disziplin, die gegenüber dem einzigen, was ungestraft verletzt werden kann, der Sprache, das höchste Maß einer Verantwortung festsetzt und wie keine andere geeignet ist, den Respekt vor jeglichem andern Lebensgut zu lehren."

乔纳森·卡勒

1. Wayne Booth, "Epilogue: The Ethics of Reading," in *The Company We Keep: An Ethics of Fiction* (Berkeley: University of California Press, 1988): 489.
2. Marcel Proust, *Remembrance of Things Past*, vol. 1, trans. C. K. Scott Moncrieff (New York: Random House, 1981): 133–134.
3. Geoffrey G. Harpham, *Getting It Right: Language, Literature, and Ethics* (Chicago: University of Chicago Press, 1992): 142–143.
4. Jean-François Lyotard, *Differend: Phrases in Dispute*, trans. Georges Van Den Abbeele (Minneapolis: University of Minnesota Press, 1983).
5. Wayne Booth, *Literary Understanding: The Power and Limits of Pluralism* (Chicago: University of Chicago Press, 1979): 243.
6. G. K. Chesterton, *The Collected Works of G. K. Chesterton XV* (San Francisco: Ignatius Press, 1989): 213.

讨论环节1：阅读伦理学

1. See Suzanne Keen, "A Theory of Narrative Empathy," Narrative 14.3 (2006): 207–236; Suzanne Keen, *Empathy and the Novel* (Oxford: Oxford University Press, 2007).
2. George Makdisi, *The Rise of Colleges: Institutions of Learning in Islam and the West* (Edinburgh: Edinburgh University Press, 1981).

生与半熟

1. "A woman raises her arms for products as people loot from a destroyed shop after Tuesday's Earthquake in Port-au-Prince," January 16, 2010 (Reuters/Carlos Barria), www.boston.com/bigpicture/2010/01/haiti_six_days_later.html.
2. "A mob of Haitians reach out as goods are thrown from a nearby shop in the downtown business district on January 17, 2010 in Port-au-Prince, Haiti" (Chris Hondros/Getty Images), www.boston.com/bigpicture/2010/01/haiti_six_days_later.html.
3. "Looters throw a box with goods taken from a destroyed store in Port-au-Prince," January 18, 2010 (Reuters/Carlos Barria).
4. 在过去几十年里，"美国人格地位"（Personhood USA）运动致力于修改各州法律，使得完整的人格概念拓展到"任何发展阶段的每个人"。2011年，众议院议员保罗·莱恩（Paul Ryan，威斯康星州共和党人）发起了一个法案，要修订美国宪法，增加如下条款："人的生命始于受精、克隆或其等价行为，无关性别、健康、职能或残疾、缺陷、生理阶段，无关其自理程度，人在任何时候都应具有全部的法律、宪法属性和人格权利。" Sanctity of Human Life Act, H.R. 212 (112th Congress, 2011–2012) and H.R. 23 (113th Congress 2013).
5. 共和党的纲领提出："我们支持宪法有关人类生命的修订案，倡议立法阐明《第十四修正案》对未出世孩童的保护。" Republican Platform 2012, 14; www.gop.com/2012-republican-platform_we.
6. *Citizens United v. Federal Election Commission*, 558 U.S. 310 (2010)，主张

企业花费公司资金用以资助选举是一种言论自由，因此受到《第一修正案》的保护。亦可参见*Buckley v. Valeo*, 424 U.S. 1 (1976)，提出个人开支构成一种受保护的政治言论。

7. Dalina Castellanos, "Geraldo Rivera: Hoodie Responsible for Trayvon Martin's Death," *Los Angeles Times*, March 23, 2012.
8. Elizabeth Flock, "Geraldo Rivera Hoodie Comments Spark Prominent People to Wear Hoodies," *Washington Post*, March 27, 2012.
9. "To do justice, and to love mercy, and to walk humbly with your God ..." (Micah 6:8); Lisa Miller, "Trayvon Martin: Doing Justice, Having Faith in Social Media," *Washington Post*, March 29, 2012. See also Rosalind Helderman, "Rep. Bobby Rush Chided for Wearing Hoodie on House Floor for Trayvon Martin," *Washington Post*, March 28, 2012.
10. 在国会大厦中，任何成员、代表及属地居民代表都不得戴帽，不得在点名和计票时逗留于书记员桌旁……警卫官确保此条款得以严格施行。
11. Peter Grier, "Why Couldn't Rep. Bobby Rush Wear Hoodie on House Floor?" *Christian Science Monitor*, March 28, 2012.
12. M. Norton and S. Sommers, "Whites See Racism as a Zero-Sum Game That They Are Now Losing," *Perspectives on Psychological Science* 6 (2011): 215–218.
13. Saidiya Hartman, "Venus in Two Acts," *Small Axe* 26 (2008): 3.

克服通往王国和命运的障碍：阅读
伦理学和大学的管理者

1. 反诘法（*elenchus*）参见http://plato.stanford.edu/entries/plato-ethics-shorter/。
2. 参见《马太福音》22：15—22；《马可福音》12：13—17；《路加福音》20：19—26。

威廉姆·杰尔马诺

1. Gerald Graff, *Clueless in Academe: How Schooling Obscures the Life of the Mind* (New Haven, CT: Yale University Press, 2003), 10.

讨论环节2：阅读伦理学与职业

1. Kenneth Burke, "The Rhetoric of Hitler's 'Battle' " in *The Philosophy of Literary Form: Studies in Symbolic Action*, 3rd ed. (Berkeley: University of California Press, 1973), 191–220.
2. 美国司法部,《约翰·里索备忘录》(Memorandum for John Rizzo), "基地组织特工的讯问", 2002年8月1日, 第14页; http://documents.nytimes.com/justice-department-memos-on-interrogation-techniques。

另一个人的呼告

1. Frank Bird Linderman, *American: The Life Story of a Great Indian, Plenty-Coups, Chief of the Crows* (New York: John Day, 1930).
2. Jonathan Lear, *Radical Hope: Ethics in the Face of Cultural Devastation* (Cambridge, MA: Harvard University Press, 2006).

回应与讨论

1. Serguei Alex Oushakine, "The Terrifying Mimicry of Samizdat," *Public Culture* 13, no. 2 (2001): 191–214.
2. Jaroslav Hašek, *The Good Soldier Švejk*, trans. Cecil Parrott (London: Penguin, 1974).
3. 同上书,第18页。
4. 同上书,第19页。
5. *See, e.g.* Megan R. Martin, "The Growth of Czech Feminism through Resistance Activities from 1968 to 1993," *Newsletter of the Institute of Slavic, East European, and Eurasian Studies*, 26, no.1 (Spring 2009): 7–13.
6. István Őrkény, *Egyperces novella* (Hungary 1967).

迪迪埃·法桑

1. Joseph Conrad, *Heart of Darkness* (New York: Penguin, 1902/1994), 72.

讨论环节3：人文学科与人权

1. Kevin O'Flynn, "Toys Cannot Hold Protest Because They Are Not Citizens of Russia, Officials Rule," *The Guardian*, February 15, 2012.
2. Charles Baudelaire, "A Philosophy of Toys," in *The Painter of Modern Life and Other Essays*, ed. and trans. Jonathan Mayne (London: Phaidon, 1964), 198–199; originally published as "Morale du joujou," *Monde Littéraire*, April 17, 1853.
3. Elaine Scarry, *The Body in Pain: The Making and Unmaking of the World* (New York: Oxford University Press, 1985).

总结讨论

1. Mark Payne, *The Animal Part: Human and Other Animals in the Poetic Imagination* (Chicago: University of Chicago Press, 2010).
2. 丹尼尔·卡拉汉（Daniel Callahan，黑斯廷中心联合创始人）与伊莱恩·斯凯瑞的对话，黑斯廷中心，加里森，纽约，1980年12月6日。亦可见于Bernard Rosen and Arthur Caplan, *Ethics in the Undergraduate Curriculum* (New York: Hastings Center, 1980); Daniel Callahan and Sissela Bok, *Ethics Teaching in Higher Education* (New York: Hasting Center, 1980); Charles Radey, "Telling Stories: Creative Literature and Ethics," *Hastings Center Report* 20, no. 6 (November–December 1990), 25。
3. Geoffrey Galt Harpham, *The Humanities and the Dream of America* (Chicago: University of Chicago Press, 2011).
4. Christian Thorne, *The Dialectic of Counter-Enlightenment*(Cambridge, MA, Harvard University Press, 2009).

撰稿者简介

奎迈·安东尼·阿皮亚(Kwame Anthony Appiah)是洛克菲勒大学哲学教授,亦任职于普林斯顿大学人类价值研究中心。他在哲学、非洲与非裔美国文学及文化研究方面著述颇丰。他近年的著作包括:《想透彻:当代哲学导论》(*Thinking It Through: An Introduction to Contemporary Philosophy*, 2004)、《认同伦理学》(*The Ethics of Identity*, 2005)、《世界主义:陌生人世界里的道德规范》(*Cosmopolitanism: Ethics in a World of Strangers*, 2006)、《伦理学的实验》(*Experiments in Ethics*, 2008)、《荣誉法则:道德革命是如何发生的》(*The Honor Code: How Moral Revolutions Happen*, 2010)。

德里克·阿特里奇(Derek Attridge)是约克大学英文教授。他亦著有:《移动的词:英语诗歌的形式》(*Moving Words: Forms of English Poetry*, 2013)、《阅读与责任:解构的踪迹》(*Reading and Responsibility: Deconstruction's Traces*, 2010)以及《库切与阅

读的伦理学》(*J. M. Coetzee and The Ethics of Reading*,2004)。

彼得·布鲁克斯(Peter Brooks)受梅隆基金会资助,访学于普林斯顿大学,是耶鲁大学比较文学斯特林荣誉教授(Sterling Professor Emeritus)。他的论文和书评曾发表于《纽约时报》(*The New York Times*)、《新共和》(*The New Republic*)、《泰晤士报文学副刊》(*Times Literary Supplement*)、《民族周刊》(*The Nation*)、《纽约书评》(*New York Review of Books*)、《批评研究》(*Critical Inquiry*)、《新文学史》(*New Literary History*)、《耶鲁法律与人文杂志》(*Yale Journal of Law and Humanities*)等等。他著书甚多,包括《身份之谜》(*Enigmas of Identity*, 2011)、《亨利·詹姆斯去巴黎》(*Henry James Goes to Paris*, 2007)、《写实主义者的视角》(*Realist Vision*, 2005)、《恼人的供认》(*Troubling Confessions*, 2000)、《心理分析与讲故事》(*Psychoanalysis and Storytelling*, 1994)、《身体活》(*Body Work*, 1993),以及《阅读情节》(*Reading for the Plot*,1984)。

朱迪斯·巴特勒(Judith Butler)是哥伦比亚大学Wun Tsun Tam Mellon人文客座教授,并任加州大学伯克利分校修辞与比较文学系"玛克辛·艾略特"教授、"批判理论项目"联合主任。她著有《性别麻烦:女性主义与身份的颠覆》(*Gender*

Trouble: Feminism and the Subversion of Identity, 1990)、《权力的精神生活：服从的理论》(*The Psychic Life of Power: Theories of Subjection*, 1997)、《脆弱不安的生命：哀悼与暴力的力量》(*Precarious Life: Powers of Violence and Mourning*, 2004)、《消解性别》(*Undoing Gender*, 2004)、《自我陈述》(*Giving an Account of Oneself*, 2005)、《战争的框架：生命何时能得到哀悼？》(*Frames of War: When Is Life Grievable?*, 2009)、《分道扬镳》(*Parting Ways*, 2012)。

乔纳森·卡勒(Jonathan Culler)是康奈尔大学"英语文学1916级终身教授"。他著有《结构主义诗学：结构主义、语言学与文学研究》(*Structuralist Poetics: Structuralism, Linguistics, and the Study of Literature*, 1975)、《论解构》(*On Deconstruction*, 1982, 2007)，以及《符号·追寻：符号学、文学、解构》(*The Pursuit of Signs: Semiotics, Literature, Deconstruction*, 2001)。

迪迪埃·法桑(Didier Fassin)是普林斯顿高等研究院"詹姆斯·D. 沃尔芬森"社会科学教授、法国巴黎高等社会科学研究学校社会问题跨学科研究所主任研究员。近年发表了：《当身体记得：南非艾滋病的体验与政治》(*When Bodies Remember: Experiences and Politics of AIDS in South Africa*, 2007)、《创伤帝国：探寻牺牲者的境遇》（*The Empire of Trauma: An Inquiry into the Condition of Victimhood*, 2009）、《人道主义的理性：目前的道德史》（*Humanitarian Reason: A Moral History of the Present*, 2011）、《安全部队：城市警察志》（*Enforcing Order: An Ethnography of Urban Policing*, 2013）。

威廉姆·杰尔马诺（William Germano）是库珀联盟人文社会科学学院教授、院长。在加入库珀联盟之前，他在哥伦比亚大学出版社担任主编，主持学术出版项目，兼任劳特利奇出版社副社长、发行主任。出版著述有：《获得发表：学者与有志于严肃书籍者的指南》（*Getting it Published: A Guide for Scholars and Anyone Else Serious about Serious Book*, 2008）、《从学位论文到成书》（*From Dissertation to Book*, 2013）、《霍夫曼的故事》（*The Tales of Hoffman*, 2013）。

拉尔夫·赫克斯特（Ralph Hexter）是加州大学戴维斯分校古典学与比较文学杰出教授、教务长及副校监。他来戴维斯分校之前，在位于马萨诸塞州艾摩斯特市的汉普郡学院任院长；此前，他在加州大学伯克利分校任艺术与人文学院院长。他出版的著述包括《牛津中世纪拉丁文学手册》（*The Oxford Handbook of Medieval Latin Literature*, 2012，与大卫·汤森合编）、

《〈奥德赛〉指南：评罗伯特·菲兹杰拉德的英译》(*A Guide to the Odyssey: A Commentary on the English Translation of Robert Fitzgerald*, 1993)。

保罗·W.卡恩(Paul W. Kahn)是耶鲁大学法学院罗伯特·W. 温纳法律与人文讲席教授、耶鲁小奥威尔·H. 谢尔国际人权研究中心主任。他著有《政治神学：新主权概念四论》(*Political Theology: Four New Chapters on the Concept of Sovereignty*, 2011)、《神圣的暴力：酷刑、恐怖与主权》(*Sacred Violence: Torture, Terror, and Sovereignty*, 2008)、《法律的文化研究：重构法学》(*The Cultural Study of Law: Reconstructing Legal Scholarship*, 1999)、《马伯里诉麦迪逊案与美国的建构》(*Marbury v. Madison and the Construction of America*, 1997)。

查尔斯·拉莫尔(Charles Larmore)是布朗大学"W. 邓肯·麦克米伦家族"人文教授。他另著有《现代性的教训》(*The Morals of Modernity*, 1996);《自我的实践》(*Les Pratiques du moi*, 2004),获法兰西学院"哲学大奖";《有关伦理的辩论》(*Débat sur l'éthique*, 2004, 与Alain Renaut合著);《道德的自主》(*The Autonomy of Morality*, 2008);《关于"自我"的最新进展》(*Dernières nouvelles du moi*, 2009, 与文森特·德贡布合著)。他近

年著有《理性与主观性》(*Vernunft und Subjektivität*, 2012),此书论述理性的本质。

乔纳森·李尔(Jonathan Lear)是芝加哥大学社会思想委员会及哲学系的"约翰·内夫(John U. Nef)杰出教授"。他主要研究从苏格拉底到现在有关人类灵机(human psyche)的哲学概念。他还任职于芝加哥精神分析学院和西新英格兰精神分析学院。他著作甚多,包括:《思想开放:理解灵魂的逻辑》(*Open Minded: Working out the Logic of the Soul*, 1999)、《治疗行动:恳求反讽》(*Therapeutic Action: An Earnest Plea for Irony*, 2003)、《激进的希望:面对文化灾难的伦理学》(*Radical Hope: Ethics in the Face of Cultural Devastation*, 2008)、《反讽的理由》(*A Case for Irony*, 2011)。

迈克尔·罗斯(Michael Roth)是卫斯理大学的校长。他在历史和人文学方面著述颇广,教学经验颇丰。他的文章和著作包括《作为历史的精神分析:弗洛伊德的否定和自由》(*Psycho-Analysis as History: Negation and Freedom in Freud*, 1987, 1995)、《反讽者的牢笼:创伤、记忆和历史的建构》(*The Ironist's Cage: Trauma, Memory and the Construction of History*, 1995),以及《记忆、创伤和历史:论活在过去》(*Memory, Trauma, and History:*

Essays on Living with the Past,2011)。他现在致力于新书《博雅教育何以重要》(*Why Liberal Education Matters*)。

伊莱恩·斯凯瑞(Elaine Scarry)是哈佛大学“沃尔特M.卡伯特(Walter M. Cabot)”美学及广义价值论教授。她撰著甚多,最知名的有《紧急之思》(*Thinking in an Emergency*, 2011)、《论美与正义》(*On Beauty and Being Just*, 1999)、《文学与身体》(*Literature and the Body*, 1988),以及《痛苦中的躯体:世界的造成与解体》(*The Body in Pain: The Making and Unmaking of the World*,1985)。

金姆·莱恩·谢佩勒(Kim Lane Scheppele)是普林斯顿大学法学与公共事务学院课程主任,亦为伍德罗·威尔逊学院与普林斯顿人类价值研究中心的“劳伦斯·S.洛克菲勒”(Laurance S. Rockefeller)社会学和国际事务教授。她的诸多成果既涉及1989年后的宪法转型,也包括“后911时代”所面临的宪法挑战,已刊于法律评论、社会科学期刊,并以多种语言发表(包括俄语、匈牙利语和法语)。她即将问世的书是《紧急的国际状态:911之后的宪法破例与全球安全法》(*The International State of Emergency: Constitutional Exceptions and the Globalization of Security Law after 9/11*,2014)。

理查德·森尼特(Richard Sennett)是纽约大学校聘社会学教授及伦敦经济学院社会学教授。他致力于探究个人与群体如何理解他们生活和工作所依存的事实。他的众多作品包括《无序的使用》(*The Uses of Disorder*, 1970)、《品性的腐蚀》(*The Corrosion of Character*, 1998)、《匠人》(*The Craftsman*, 2008),以及《在一起:合作之规矩、欢愉与政治》(*Together: The Rituals, Pleasures and Politics of Cooperation*, 2012)。

帕特丽夏·威廉姆斯(Patricia Williams)是哥伦比亚大学法学院"詹姆斯·L. 陀耳"(James L. Dohr)法学教授。她的著述广及种族、性别、法学等领域,对法学理论和正义等其他话题也有论述。她是《民族报》(*The Nation*)的固定专栏作家。她的著作包括《权利与种族的点金术》(*The Alchemy of Race and Rights*, 1991)、《公鸡的蛋》(*The Rooster's Egg*, 1995)、《色盲的未来:种族的悖论》(*Seeing a Color Blind Future: The Paradox of Race*, 1997)。

希拉里·杰维特(Hilary Jewett,联合编者)持有耶鲁大学比较文学博士学位和本杰明·卡多佐法学院法学博士学位。她在耶鲁大学和布朗大学讲授文学理论,并在纽约从事法律工作。她帮助协调了普林斯顿大学"公共领域中的人文学科"论坛,这是本书得以问世的基础。

人文与社会译丛

第一批书目

1.《政治自由主义》(增订版),[美]J. 罗尔斯著,万俊人译　118.00 元
2.《文化的解释》,[美]C. 格尔茨著,韩莉译　89.00 元
3.《技术与时间:1. 爱比米修斯的过失》,[法]B. 斯蒂格勒著,裴程译　62.00 元
4.《依附性积累与不发达》,[德]A. G. 弗兰克著,高铦等译　13.60 元
5.《身处欧美的波兰农民》,[美]F. 兹纳涅茨基、W. I. 托马斯著,张友云译　9.20 元
6.《现代性的后果》,[英]A. 吉登斯著,田禾译　45.00 元
7.《消费文化与后现代主义》,[英]M. 费瑟斯通著,刘精明译　14.20 元
8.《英国工人阶级的形成》(上、下册),[英]E. P. 汤普森著,钱乘旦等译　168.00 元
9.《知识人的社会角色》,[美]F. 兹纳涅茨基著,郏斌祥译　49.00 元

第二批书目

10.《文化生产:媒体与都市艺术》,[美]D. 克兰著,赵国新译　49.00 元
11.《现代社会中的法律》,[美]R. M. 昂格尔著,吴玉章等译　39.00 元
12.《后形而上学思想》,[德]J. 哈贝马斯著,曹卫东等译　58.00 元
13.《自由主义与正义的局限》,[美]M. 桑德尔著,万俊人等译　30.00 元

14.《临床医学的诞生》,[法]M. 福柯著,刘北成译 55.00 元
15.《农民的道义经济学》,[美]J. C. 斯科特著,程立显等译 42.00 元
16.《俄国思想家》,[英]I. 伯林著,彭淮栋译 35.00 元
17.《自我的根源:现代认同的形成》,[加]C. 泰勒著,韩震等译 128.00 元
18.《霍布斯的政治哲学》,[美]L. 施特劳斯著,申彤译 49.00 元
19.《现代性与大屠杀》,[英]Z. 鲍曼著,杨渝东等译 59.00 元

第三批书目

20.《新功能主义及其后》,[美]J. C. 亚历山大著,彭牧等译 15.80 元
21.《自由史论》,[英]J. 阿克顿著,胡传胜等译 89.00 元
22.《伯林谈话录》,[伊朗]R. 贾汉贝格鲁等著,杨祯钦译 48.00 元
23.《阶级斗争》,[法]R. 阿隆著,周以光译 13.50 元
24.《正义诸领域:为多元主义与平等一辩》,[美]M. 沃尔泽著,褚松燕等译 24.80 元
25.《大萧条的孩子们》,[美]G. H. 埃尔德著,田禾等译 27.30 元
26.《黑格尔》,[加]C. 泰勒著,张国清等译 135.00 元
27.《反潮流》,[英]I. 伯林著,冯克利译 48.00 元
28.《统治阶级》,[意]G. 莫斯卡著,贾鹤鹏译 98.00 元
29.《现代性的哲学话语》,[德]J. 哈贝马斯著,曹卫东等译 78.00 元

第四批书目

30.《自由论》(修订版),[英]I. 伯林著,胡传胜译 69.00 元
31.《保守主义》,[德]K. 曼海姆著,李朝晖、牟建君译 58.00 元
32.《科学的反革命》(修订版),[英]F. 哈耶克著,冯克利译 58.00 元

33.《实践感》,[法]P. 布迪厄著,蒋梓骅译 75.00 元
34.《风险社会:新的现代性之路》,[德]U. 贝克著,张文杰等译 58.00 元
35.《社会行动的结构》,[美]T. 帕森斯著,彭刚等译 80.00 元
36.《个体的社会》,[德]N. 埃利亚斯著,翟三江、陆兴华译 15.30 元
37.《传统的发明》,[英]E. 霍布斯鲍姆等著,顾杭、庞冠群译 68.00 元
38.《关于马基雅维里的思考》,[美]L. 施特劳斯著,申彤译 78.00 元
39.《追寻美德》,[美]A. 麦金太尔著,宋继杰译 68.00 元

第五批书目

40.《现实感》,[英]I. 伯林著,潘荣荣、林茂译 30.00 元
41.《启蒙的时代》,[英]I. 伯林著,孙尚扬、杨深译 35.00 元
42.《元史学》,[美]H. 怀特著,陈新译 89.00 元
43.《意识形态与现代文化》,[英]J. B. 汤普森著,高铦等译 68.00 元
44.《美国大城市的死与生》,[加]J. 雅各布斯著,金衡山译 78.00 元
45.《社会理论和社会结构》,[美]R. K. 默顿著,唐少杰等译 128.00 元
46.《黑皮肤,白面具》,[法]F. 法农著,万冰译 58.00 元
47.《德国的历史观》,[美]G. 伊格尔斯著,彭刚、顾杭译 58.00 元
48.《全世界受苦的人》,[法]F. 法农著,万冰译 17.80 元
49.《知识分子的鸦片》,[法]R. 阿隆著,吕一民、顾杭译 45.00 元

第六批书目

50.《驯化君主》,[美]H. C. 曼斯菲尔德著,冯克利译 68.00 元
51.《黑格尔导读》,[法]A. 科耶夫著,姜志辉译 98.00 元
52.《象征交换与死亡》,[法]J. 波德里亚著,车槿山译 68.00 元
53.《自由及其背叛》,[英]I. 伯林著,赵国新译 48.00 元

54.《启蒙的三个批评者》,[英]I.伯林著,马寅卯、郑想译 48.00元
55.《运动中的力量》,[美]S.塔罗著,吴庆宏译 23.50元
56.《斗争的动力》,[美]D.麦克亚当、S.塔罗、C.蒂利著,李义中等译 31.50元
57.《善的脆弱性》,[美]M.纳斯鲍姆著,徐向东、陆萌译 55.00元
58.《弱者的武器》,[美]J.C.斯科特著,郑广怀等译 82.00元
59.《图绘》,[美]S.弗里德曼著,陈丽译 49.00元

第七批书目

60.《现代悲剧》,[英]R.威廉斯著,丁尔苏译 45.00元
61.《论革命》,[美]H.阿伦特著,陈周旺译 59.00元
62.《美国精神的封闭》,[美]A.布卢姆著,战旭英译,冯克利校 68.00元
63.《浪漫主义的根源》,[英]I.伯林著,吕梁等译 49.00元
64.《扭曲的人性之材》,[英]I.伯林著,岳秀坤译 22.00元
65.《民族主义思想与殖民地世界》,[美]P.查特吉著,范慕尤、杨曦译 18.00元
66.《现代性社会学》,[法]D.马尔图切利著,姜志辉译 32.00元
67.《社会政治理论的重构》,[美]R.J.伯恩斯坦著,黄瑞祺译 72.00元
68.《以色列与启示》,[美]E.沃格林著,霍伟岸、叶颖译 128.00元
69.《城邦的世界》,[美]E.沃格林著,陈周旺译 85.00元
70.《历史主义的兴起》,[德]F.梅尼克著,陆月宏译 48.00元

第八批书目

71.《环境与历史》,[英]W.贝纳特、P.科茨著,包茂红译 25.00元
72.《人类与自然世界》,[英]K.托马斯著,宋丽丽译 35.00元

73.《卢梭问题》,[德]E. 卡西勒著,王春华译 39.00 元
74.《男性气概》,[美]H. C. 曼斯菲尔德著,刘玮译 28.00 元
75.《战争与和平的权利》,[美]R. 塔克著,罗炯等译 25.00 元
76.《谁统治美国》,[美]W. 多姆霍夫著,吕鹏、闻翔译 35.00 元
77.《健康与社会》,[法]M. 德吕勒著,王鲲译 35.00 元
78.《读柏拉图》,[德]T. A. 斯勒扎克著,程炜译 68.00 元
79.《苏联的心灵》,[英]I. 伯林著,潘永强、刘北成译 59.00 元
80.《个人印象》,[英]I. 伯林著,林振义、王洁译 35.00 元

第九批书目

81.《技术与时间:2. 迷失方向》,[法]B. 斯蒂格勒著,
赵和平、印螺译 59.00 元
82.《抗争政治》,[美]C. 蒂利、S. 塔罗著,李义中译 28.00 元
83.《亚当·斯密的政治学》,[英]D. 温奇著,褚平译 21.00 元
84.《怀旧的未来》,[美]S. 博伊姆著,杨德友译 85.00 元
85.《妇女在经济发展中的角色》,[丹]E. 博斯拉普著,陈慧平译 30.00 元
86.《风景与认同》,[美]W. J. 达比著,张箭飞、赵红英译 68.00 元
87.《过去与未来之间》,[美]H. 阿伦特著,王寅丽、张立立译 58.00 元
88.《大西洋的跨越》,[美]D. T. 罗杰斯著,吴万伟译 108.00 元
89.《资本主义的新精神》,[法]L. 博尔坦斯基、E. 希亚佩洛著,
高铦译 58.00 元
90.《比较的幽灵》,[美]B. 安德森著,甘会斌译 79.00 元

第十批书目

91.《灾异手记》,[美]E. 科尔伯特著,何恬译 25.00 元

92.《技术与时间:3. 电影的时间与存在之痛的问题》,
[法]B. 斯蒂格勒著,方尔平译　65.00 元
93.《马克思主义与历史学》,[英]S. H. 里格比著,吴英译　78.00 元
94.《学做工》,[英]P. 威利斯著,秘舒、凌旻华译　68.00 元
95.《哲学与治术:1572—1651》,[美]R. 塔克著,韩潮译　45.00 元
96.《认同伦理学》,[美]K. A. 阿皮亚著,张容南译　45.00 元
97.《风景与记忆》,[英]S. 沙玛著,胡淑陈、冯樨译　78.00 元
98.《马基雅维里时刻》,[英]J. G. A. 波考克著,冯克利、傅乾译　108.00 元
99.《未完的对话》,[英]I. 伯林、[波]B. P. -塞古尔斯卡著,
杨德友译　65.00 元
100.《后殖民理性批判》,[印]G. C. 斯皮瓦克著,严蓓雯译　79.00 元

第十一批书目

101.《现代社会想象》,[加]C. 泰勒著,林曼红译　45.00 元
102.《柏拉图与亚里士多德》,[美]E. 沃格林著,刘曙辉译　78.00 元
103.《论个体主义》,[法]L. 迪蒙著,桂裕芳译　30.00 元
104.《根本恶》,[美]R. J. 伯恩斯坦著,王钦、朱康译　78.00 元
105.《这受难的国度》,[美]D. G. 福斯特著,孙宏哲、张聚国译　39.00 元
106.《公民的激情》,[美]S. 克劳斯著,谭安奎译　49.00 元
107.《美国生活中的同化》,[美]M. M. 戈登著,马戎译　58.00 元
108.《风景与权力》,[美]W. J. T. 米切尔著,杨丽、万信琼译　78.00 元
109.《第二人称观点》,[美]S. 达沃尔著,章晟译　69.00 元
110.《性的起源》,[英] F. 达伯霍瓦拉著,杨朗译　85.00 元

第十二批书目

111.《希腊民主的问题》,[法]J. 罗米伊著,高煜译 48.00 元
112.《论人权》,[英]J. 格里芬著,徐向东、刘明译 75.00 元
113.《柏拉图的伦理学》,[英]T. 埃尔文著,陈玮、刘玮译 118.00 元
114.《自由主义与荣誉》,[美]S. 克劳斯著,林垚译 62.00 元
115.《法国大革命的文化起源》,[法]R. 夏蒂埃著,洪庆明译 38.00 元
116.《对知识的恐惧》,[美]P. 博格西昂著,刘鹏博译 38.00 元
117.《修辞术的诞生》,[英]R. 沃迪著,何博超译 48.00 元
118.《历史表现中的真理、意义和指称》,[荷]F. 安克斯密特著,周建漳译 58.00 元
119.《天下时代》,[美]E. 沃格林著,叶颖译 78.00 元
120.《求索秩序》,[美]E. 沃格林著,徐志跃译 48.00 元

第十三批书目

121.《美德伦理学》,[新西兰]R. 赫斯特豪斯著,李义天译 68.00 元
122.《同情的启蒙》,[美]M. 弗雷泽著,胡靖译 48.00 元
123.《图绘暹罗》,[美]T. 威尼差恭著,袁剑译 58.00 元
124.《道德的演化》,[新西兰]R. 乔伊斯著,刘鹏博、黄素珍译 65.00 元
125.《大屠杀与集体记忆》,[美]P. 诺维克著,王志华译 78.00 元
126.《帝国之眼》,[美]M. L. 普拉特著,方杰、方宸译 68.00 元
127.《帝国之河》,[美]D. 沃斯特著,侯深译 76.00 元
128.《从道德到美德》,[美]M. 斯洛特著,周亮译 58.00 元
129.《源自动机的道德》,[美]M. 斯洛特著,韩辰锴译 58.00 元
130.《理解海德格尔:范式的转变》,[美]T. 希恩著,邓定译 89.00 元

第十四批书目

131.《城邦与灵魂:费拉里〈理想国〉论集》,[美]G. R. F. 费拉里著,刘玮编译 58.00元

132.《人民主权与德国宪法危机》,[美]P. C. 考威尔著,曹晗蓉、虞维华译 58.00元

133.《16和17世纪英格兰大众信仰研究》,[英]K. 托马斯著,芮传明、梅剑华译 168.00元

134.《民族认同》,[英]A. D. 史密斯著,王娟译 55.00元

135.《世俗主义之乐:我们当下如何生活》,[英]G. 莱文编,赵元译 58.00元

136.《国王或人民》,[美]R. 本迪克斯著,褚平译(即出)

137.《自由意志、能动性与生命的意义》,[美] D. 佩里布姆著,张可译 68.00元

138.《自由与多元论:以赛亚·伯林思想研究》,[英]G. 克劳德著,应奇等译 58.00元

139.《暴力:思无所限》,[美]R. J. 伯恩斯坦著,李元来译 59.00元

140.《中心与边缘:宏观社会学论集》,[美]E. 希尔斯著,甘会斌、余昕译 88.00元

第十五批书目

141.《自足的世俗社会》,[美]P. 朱克曼著,杨靖译 58.00元

142.《历史与记忆》,[英]G. 丘比特著,王晨凤译 59.00元

143.《媒体、国家与民族》,[英]P. 施莱辛格著,林玮译 68.00元

144.《道德错误论:历史、批判、辩护》,

[瑞典]J. 奥尔松著,周奕李译　58.00 元

145.《废墟上的未来:联合国教科文组织、世界遗产与和平之梦》,[澳]L. 梅斯克尔著,王丹阳、胡牧译　88.00 元

146.《为历史而战》,[法]L. 费弗尔著,高煜译(即出)

147.《语言动物:人类语言能力概览》,[加]C. 泰勒著,赵清丽译(即出)

148.《我们中的我:承认理论研究》,[德]A. 霍耐特著,张曦、孙逸凡译　62.00 元

149.《人文学科与公共生活》,[美]P. 布鲁克斯、H. 杰维特编,余婉卉译　52.00 元

150.《美国生活中的反智主义》,[美]R. 霍夫施塔特著,何博超译　68.00 元

第十六批书目

151.《关怀伦理与移情》,[美]M. 斯洛特著,韩玉胜译　48.00 元

152.《形象与象征》,[罗]M. 伊利亚德著,沈珂译　48.00 元

153.《艾希曼审判》,[美]D. 利普斯塔特著,刘颖洁译(即出)

154.《现代主义观念论:黑格尔式变奏》,[美]R. B. 皮平著,郭东辉译(即出)

155.《文化绝望的政治:日耳曼意识形态崛起研究》,[美]F. R. 斯特恩著,杨靖译(即出)

156.《作为文化现实的未来:全球现状论集》,[印]A. 阿帕杜拉伊著,周云水、马建福译(即出)

157.《一种思想及其时代:以赛亚·伯林政治思想的发展》,[美]J. L. 彻尼斯著,寿天艺、宋文佳译(即出)

158.《人类的领土性:理论与历史》,[美]R. B. 萨克著,袁剑译(即出)

159.《理想的暴政：多元社会中的正义》，[美]G. 高斯著，范震亚译（即出）
160.《荒原：一部历史》，[美]V. D. 帕尔马著，梅雪芹译（即出）

有关“人文与社会译丛”及本社其他资讯，欢迎点击 www. yilin. com 浏览，对本丛书的意见和建议请反馈至新浪微博@译林人文社科。